Edward Schillebeeckx

Weil Politik nicht alles ist

Edward Schillebeeckx

WEIL POLITIK NICHT ALLES IST

Von Gott reden
in einer gefährdeten Welt

Herder

Freiburg · Basel · Wien

Titel der Originalausgabe:
Als politiek niet alles is ... Jezus in de westerse cultuur
Abraham Kuyper-lezingen 1986

Aus dem Niederländischen von
Ulrich Ruh

Umschlagfoto NASA

Herstellung: Freiburger Graphische Betriebe 1987
ISBN 3-451-20924-1

Inhalt

Vorwort

Vom 27. bis 30. Mai 1986 hielt ich an der „Freien Universität" Amsterdam fünf Vorlesungen im Rahmen der „Kuyper-Vorlesungen". Diese Vorlesungen sind eine Initiative der Theologischen Fakultät der Freien Universität Amsterdam. Sie haben eine zweifache Zielsetzung: Sie wollen den Namen des Begründers der Freien Universität und gleichzeitig auch das Grundmotiv seines ganzen Schaffens lebendig erhalten: Christlicher Glaube und moderne Kultur sollen beisammenbleiben, ohne daß das eine vom anderen an den Rand gedrängt wird.

Auch meine Kuyper-Vorlesungen stehen entsprechend dem mit ihnen verbundenen Auftrag im Zeichen des Themas, das für Abraham Kuyper große Bedeutung hatte: Glaube und Kultur. Daher trugen die Vorlesungen auch den Untertitel: Die Rolle Jesu in der westlichen Kultur.

Wer diese Vorlesungen annimmt, muß auch zusagen, daß sie als „Kuyper"-Vorlesungen veröffentlicht werden. Für Übersetzungen ist aber der niederländische Rahmen dieser Vorlesungen ohne Bedeutung. Deshalb habe ich für die deutsche Ausgabe das ursprüngliche Geleitwort weggelassen und es durch dieses neue Vorwort ersetzt.

Es geht in diesem Büchlein um Gott – um Gott in seiner Beziehung zum Menschen und deshalb um die mystische oder „theologale", die ethische und die politische Dimension dieses Gottesglaubens, und zwar immer vom Brennpunkt Jesu von Nazaret aus gesehen, den die Kirche als Christus bekennt.

Menschen sind Subjekte des christlichen Glaubens an Gott, sie sind aber gleichzeitig auch Kulturwesen. Deshalb erhält der christliche Glaube seine Gestalt im konkret gesellschaftlich-kulturellen Kontext, in dem die Gläubigen leben; in ihm wird dieser Glaube lebendig assimiliert und schließlich auch von hier und heute lebenden Menschen erlebt. Zwar ist diese Kultur mit ihrer individuellen und soziopolitischen Ethik autonom, aber der Glaube an Gott steht dennoch kritisch jeder Kultur gegenüber; außerdem wird diese Kultur durch die Gnade, die Menschen zum Handeln aufruft, auf das ewige Leben von Menschen vorbereitet. Es geht im Evangelium von Jesus Christus letztlich um die messianische Vorbereitung unserer Welt auf das Reich Gottes.

Das Verhältnis zwischen dem Gesellschaftlich-Politischen und dem Glauben der Kirchen steht besonders in den letzten Jahren im Mittelpunkt des Interesses. Besonders im Blick auf Friede und Wettrüsten sowie auf die Spannungen zwischen den reichen westlichen Ländern und den armen Ländern der Dritten Welt ist es zu Polarisierungen in den christlichen Kirchen gekommen. Manche Christen behaupten, die Kirchen müßten schweigen, wo es um Gesellschaftspolitik geht, während andere den Kirchen gerade auf diesem Gebiet eine prophetische und kritische Rolle zusprechen. Diese Problematik steht mit im Hintergrund bei diesem kleinen Buch, das in diesem Punkt die Perspektive für eine Antwort eröffnen möchte. In den Niederlanden wurde diese Polemik noch durch das Erscheinen eines Buchs von Prof. H. Kuitert von der Freien Universität Amsterdam verschärft („Alles is politiek, maar politiek is niet alles. Een theologisch perspektief op geloof en politiek, Baarn 1985). In diesem Buch wird die These verteidigt, daß die Kirchen nur in Notfällen kompetent und mit Autorität zu gesellschaftlichen Fragen sprechen können, daß diese Notfälle selten sind und in westlichen Demokratien so gut wie nie vorkommen. Ich bestreite das in diesem vorliegenden kleinen Buch.

In dieser kleinen Arbeit, die in bestimmter Hinsicht auch einen Vorblick auf den in Vorbereitung befindlichen dritten Teil meiner christologischen Trilogie bietet (Jesus. Die Geschichte von einem Lebenden, Herder 1975; Christus und die Christen, Herder 1977) beziehe ich auch Position in der Debatte bzw. in der Kontroverse, ob die Kirchen ein Recht zu Äußerungen in Unrechtssituationen haben, auf Grund dessen sie in der Politik intervenieren können.

Da dieses kleine Buch aus einem ganz konkreten Anlaß entstand und sich auf die wenigen Vorlesungen beschränkt, wurden hier einige Fragen nur summarisch behandelt, die in dem in Vorbereitung befindlichen dritten Teil umfassender dargestellt werden.

Nijmegen, 10. 11. 1986 *Edward Schillebeeckx*

ERSTES KAPITEL

Wer oder was bringt Menschen Heil?

Man kann es ruhig eine Ironie der Geschichte nennen: Gerade die kulturellen Mächte, die wir seit dem siebzehnten Jahrhundert als die geschichtlichen Befreier der Menschheit begrüßt haben, Wissenschaft und Technik, die uns von all dem befreien sollten, wovon Religion den Menschen nicht zu befreien vermochte: Hunger und Armut, Tyrannei, Krieg und geschichtliches Fatum, haben heute nicht nur Hunger und Armut sogar noch anwachsen lassen und die Möglichkeit eines Atomkriegs heraufgeführt, sondern sie bilden sogar – in der Hand von Menschen – die größte Bedrohung unserer Zukunft.

Schon vom siebzehnten, aber vor allem dann vom achtzehnten Jahrhundert an schien die Wissenschaft das Ende aller geschichtlichen Religionen anzukündigen; sie galten als eine Epoche kindlicher Unwissenheit in der menschlichen Geschichte: Jetzt, wo wir auf das Jahr 2000 zugehen, sind es gerade Wissenschaft und Technik, die uns – soweit die Frage nach menschlichem Sinn überhaupt noch Bedeutung hat – die „religiöse Frage" dringlicher denn je zuvor stellen lassen. Wissenschaftstheorien suchen jetzt nach den grundlegenden Möglichkeitsbedingungen der Wissenschaft, die jenseits oder außerhalb von Wissenschaft liegen. Nicht Wissenschaft und Technik als solche jagen uns Angst ein, sondern ihr absoluter Heilsanspruch. Wir erkennen, daß menschliche wissenschaftliche und technische Kreativität die Möglichkeit der Selbstzerstörung einschließt. Wissenschaft und Technik, einst gefeierte Befreier der Menschheit, haben den Menschen einer neuen Spielart eines sozial und geschichtlich unterdrückenden Geschicks unterworfen. Bedroht dann gerade unsere menschliche Kreativität den Sinn unserer Geschichte? Wird der „Bewahrer der Schöpfung" (Gen 2,15; 1,28) zu ihrem Verräter? Oder: Kann man ein endliches Wesen jemals aus sich selbst begreifen und befreien? Gehört die anerkannte und gelebte Beziehung zum „Transzendenten" (sei es ein „Er", eine „Sie" oder ein „Es"?) nicht zum unerforschlichen Grund unserer menschlichen Kreativität und darum auch zur tiefsten und letzten Inspiration jedes Humanismus?

Von Gott sprechen heißt immer auch vom menschlichen Heil sprechen

Als Sprechen von Gott übersteigt Theologie die Christologie; mit anderen Worten: Als Christen können wir für uns Jesus Christus zum Mittelpunkt der Geschichte erklären, ohne aber damit den Anspruch erheben zu können oder zu müssen, daß die geschichtliche Offenbarung von Heil-von-Gott-her in Jesus Christus die Gottesfrage ausschöpft. Zwar können wir Jesus nicht wirklich verstehen, ohne seine einzigartige Beziehung zu Gott zu berücksichtigen; aber das heißt nicht, daß der einzigartige Lebensweg Jesu der *einzige* Lebensweg zu Gott wäre. Denn auch Jesus offenbart Gott nicht nur, sondern verhüllt ihn auch, weil er in nichtgöttlicher, geschaffener Menschengestalt unter uns erschienen ist. Als Mensch ist er ein geschichtliches, kontingentes Wesen, das in keiner Weise die ganze Fülle Gottes repräsentieren kann ... außer man leugnet die Wirklichkeit seines realen Menschseins (was gegen die einhellige Überzeugung aller Kirchen verstieße). Vom Evangelium her ist also kein christlich-religiöser Imperialismus oder Exklusivismus möglich. Auch für Jesus gilt die Klage des Propheten Jesaja: „Du bist ein verborgener Gott" (Jes 45,15), die ihm die Evangelien am Kreuz in den Mund legen.

Wer andererseits die besondere, eigentümliche religiöse Beziehung Jesu zu diesem verborgenen Gott außer acht läßt, versucht den historischen Jesus entweder von vorgegebenen metaphysischen Begriffen oder von vorgegebenen gesellschaftlich-politischen Interpretationsmustern aus zu deuten, beides Zugänge, die dem Evangelium fremd sind. In beiden Fällen wird die kontingente geschichtliche Gestalt Jesu verzeichnet: entweder zu einer politisch neutralen, weltfremden, mystischen Figur oder zum Aushängeschild von (linken oder rechten) politischen Parteien. Wir werden hier mit einem schwierigen, fast paradoxen Sachverhalt konfrontiert: Auf der einen Seite steht Jesu partikuläre, in ihrer Einzigartigkeit kaum zu beschreibende Beziehung zu Gott, auf der anderen Seite steht die Tatsache, daß er als geschichtliche Erscheinung ein „kontingentes Geschehen" ist, das andere Wege zu Gott weder verschließen noch verneinen und deshalb auch die Ethik nicht exklusiv für sich annektieren kann. Letzteres impliziert auch, daß wir Theologie nicht auf Christologie reduzieren können; es gibt Fragen und auch religiöse Probleme, die außerhalb der Christologie liegen. Das ist für die Ökumene der Religionen von großer Bedeutung. Jesus ist ja eine zwar einzigartige, aber doch nur *kontingente* Erscheinungsform Gottes. Wer das konkret-partikuläre Menschsein Jesu, seine geographisch und soziokulturell festzumachende menschliche Eigenart vernachlässigt, macht den Menschen Jesus zu einer *notwendigen* göttlichen Emanation; das läuft aber dem tiefsten Sinn aller christologischen Bekenntnisse und dem Wesen Gottes als absoluter Freiheit zuwider und nimmt außerdem die menschliche Ethik und die anderen Religionen nicht ernst, sondern bagatellisiert sie.

Daß Gottes Schöpfung gleichzeitig der Anfang der Heils- und Unheilsgeschichte ist, beinhaltet wesentlich, daß Gott sich nicht ausschließlich und erschöpfend in Jesus Christus geoffenbart hat und daß deswegen beim Reden über Gott jeder Mensch das Recht zur Mitsprache besitzt. Zwar läßt sich das Sprechen über Gott nicht auf das Sprechen über den Menschen reduzieren, nicht einmal auf das ethische Sprechen über den Menschen; dennoch ist es untrennbar mit dem Sprechen über den Menschen und seine Lebenswelt verbunden. Aber wir können dann über Gott nicht länger in Funktionsbegriffen sprechen. Wir modernen Menschen können Gott nicht mehr in Kategorien wie Bedürfnis und Funktion, Bedeutung, Effizienz und Nutzen für den Menschen denken. In diesem Sinn übersteigt Gott die Kategorie des Notwendigen, des Nützlichen und Kontingenten. „Gott hätte es nicht gebraucht." Auch Menschen, die nicht an Gott glauben, betrachten ihr Leben in der

Welt als sinnvoll und bemühen sich um eine bessere, menschenwürdigere Welt. In dieser Beziehung verfügen weder Christen noch Ungläubige per se über größere Weisheit ... oder größere Bescheidenheit. Gott läßt sich nicht auf eine *Funktion* des Menschen, der Gesellschaft oder der Welt reduzieren. Für all das ist Gott eine nutzlose, überflüssige Hypothese. Als Heilmittel für die „condition humaine" ist uns Gott völlig aus dem Blick geraten. Die „Gott ist tot"-Theologie genannte Eintagsfliege war nichtsdestoweniger das moderne Ergebnis unserer früheren kosmologischen und anthropologischen Gottesbeweise! Der allmähliche Tod des alten Theismus läßt sich kurz und bündig erklären.

Der alte griechische und mittelalterliche Ausgangspunkt für den Weg zu Gott, die Endlichkeit des Kosmos und des Menschen in ihm, ist heute nicht mehr erschwinglich. „Endlichkeit" ist nicht mehr wie früher einmal ein ausschließlich *religiöser* Begriff. Gerade als militanter Atheist hat Sartre die präzisesten philosophischen Analysen der Endlichkeit des Menschen und der Welt geliefert. Aus der Leugnung Gottes entspringt nicht mehr, wie vielleicht noch im neunzehnten Jahrhundert, die überhebliche Vergöttlichung des Menschen; sie beläßt den Menschen vielmehr in seiner „condition humaine", teils banal, teils mutig oder auch bescheiden.

Auch der moderne Ausgangspunkt, die menschliche Subjektivität, die Gott als Bedingung der eigenen Möglichkeit aus sich heraussetzt, hat abgewirtschaftet. Schließlich kann niemand zu der einen oder anderen „Bedingung der Möglichkeit" beten. Sowohl vom kosmischen wie vom anthropozentrischen Ausgangspunkt aus wird also deutlich: Moderne Menschen brauchen Gott nicht zur Erklärung des Kosmos; sie brauchen ihn ebensowenig zur Ausbildung einer stimmigen Ethik oder Anthropologie. Aber gerade im westlichen gesellschaftlichen Klima der Säkularisierung und religiösen Gleichgültigkeit, der Verwissenschaftlichung und Technisierung, des instrumentellen Mittel-Zweck-Denkens wird die Frage nach Gott zur freiesten und grundlosesten Frage, die sich der Mensch stellen kann, wird auch der Weg zu Gott zum freiesten Lebensweg. Wenn wir in diesem Kontext in der menschlichen Erfahrung nach Erwartungen, Echos, Spuren oder sogar nach unterdrückten Geräuschen suchen, die Gottes grundlose Anwesenheit bei uns verraten oder vermuten lassen, könnten wir vielleicht in unserer Zeit am ehesten bei der Fähigkeit des Menschen fündig werden, ohne „um willen" zu lieben; dann sollten wir vielleicht auf der Ebene unserer menschlichen Kreativität, der Feste und Feiern, des freigebigen Sichverschenkens und der Selbsttranszendenz suchen, allerdings in der Gestalt nicht entfremdeter Selbstenteignung zugunsten des „anderen". In einem solchen Lebenskontext wird Gott von den Gläubigen als grundloses Geschenk erfahren, *nur so,* als reine Freiheit; jeden Tag aufs neue; ohne Warum. Gott ist nicht „Erklärung", sondern Gabe. Die in der Moderne so hochgeschätzte Idee von „Gott als Bedingung der Möglichkeit" der menschlichen Subjektivität hat allen Gottesglauben und alle Theologie nicht nur um das Herz, sondern auch um den „Logos" gebracht! Das „post-moderne" Nichtbrauchen ist demgegenüber gerade die größte Wohltat für jedes menschliche Leben. Gerade das „braucht" der

Mensch! So ist Gott für Gläubige der Luxus ihres Lebens – unser Überfluß, nicht so sehr Ursache oder Endziel als vielmehr ganz und gar überströmender Überfluß. Die Enge einer verwissenschaftlichten, technisierten Gesellschaft „verlangt" nach einem solchen Gott. In diesem Sinn ist Gott mehr als notwendig – ohne dabei aber zur Funktion unseres Menschseins zu werden. Darum wissen wir uns zu einer Liebe aufgerufen, die das Vergebliche wagt, das Überflüssige, das, was nicht sein muß. Es geht darum, daß wir den Menschen etwas von Gottes ganz und gar gnadenhafter und heilbringender, nicht-notwendiger Nähe sichtbar werden lassen, die uns nie im Stich läßt. Auch dann nicht, wenn wir ihn im Stich lassen. *Dieu a besoin des hommes.* Gott braucht Menschen, nicht um Gott zu sein, sondern um ein *Gott der Menschen* zu sein. Gott bestimmt in aller Freiheit, wer er ist und auch wer er für uns sein will. Und von der christlich-religiösen Erfahrungstradition her erfahren wir Gott als einen, der sich für das Sein und gegen das Nichtsein ausspricht, für das Gute und gegen alles Böse. Gott steht nicht auf unserer Seite, wie es oft in alten politischen Theologien hieß; er steht auf der Seite dessen, was gut ist, auch gut für die Menschen. Und für uns kommt es darauf an, auch auf dieser Seite zu stehen, nicht aber Gott für uns in Beschlag zu nehmen.

Der Glaube an Gott als Grund und Quelle auch menschlicher Grundlosigkeit und Freiheit, die uns in den verschiedensten weltlichen Zufällen, Bestimmtheiten und Unbestimmtheiten zugute kommt, ist kein Glaube an die Existenz Gottes, so wie man die Existenz eines fernen Sonnensystems im Weltall annimmt, ohne sich weiter darum zu kümmern: Es geht um den Glauben an Gott als Überfluß, Wohl und Heil von und für Menschen, denen er in seiner Schöpfermacht das Leben auf dieser Erde als der wertvollen Umwelt des Menschen geschenkt hat. Vom Beginn der Schöpfung an hat Gott auch mit der Verwirklichung des Heils – auch des religiösen Heils – für Menschen in unserer Geschichte begonnen. Glaube an Gott bedeutet Glaube an Gottes absolute Heilspräsenz bei den Menschen in ihrer Geschichte. Das heißt: Wie immer unsere Situation aussieht, sei sie durch das entstanden, was wir Menschen mit Recht stummen Zufall nennen, durch Gesetzmäßigkeiten oder durch eigene Schuld: Es gibt keine Situation, in der uns Gott nicht nahe sein kann und in der wir ihn nicht finden könnten. Auch in Situationen wirklich erfahrener Sinnlosigkeit und Absurdität kann der an Gott Glaubende noch Sinn finden, ohne daß dabei die Absurdität des Absurden aufgehoben würde. Das heißt nicht, daß die Umstände, in denen wir uns aus irgendeinem Grund befinden, „Wille Gottes" wären.

Die aktive Heilspräsenz Gottes können wir nicht auf unser Bewußtsein oder auf die Erfahrung dieser Präsenz reduzieren, die uns dann wiederum zur Sinngebung herausfordern würde. Heil von Gott her läßt sich auch nicht auf die besonderen Heilsorte einschränken, die wir Religionen oder Kirchen nennen. Heilsgeschichte kann nicht auf die Geschichte der Religionen oder auf die Geschichte von Judentum und Christentum reduziert werden. Denn die gesamte Profangeschichte steht schon unter der Führung des befreienden Schöpfergottes; das übersteigt den kleinasiatischen oder europäischen Kontext. Unsere weltweite sogenannte „Profangeschichte" ist also der erste

Ort, an dem sich Heil und Unheil ereignen, deren befreiender Schöpfer Gott ebenso ist wie Gericht über die von Menschen bewirkte Unheilsgeschichte.

Natürlich ist die von Gläubigen bekannte absolute Heilspräsenz Gottes als solche nur Angebot und Gabe, noch nicht bejahte, empfangene und begrüßte Anwesenheit. Nie wird jemand gegen seinen Willen gerettet. Heil ist als erfahrene Wirklichkeit immer bejahtes oder zugeeignetes Heil. Und diese Zueignung ist immer mit irgendeiner Form von Bewußtmachung verbunden. Man kann zwar Heil nicht mit dem Bewußtsein von Heil gleichsetzen, aber beides auch nicht einfach voneinander trennen. In der klassischen Theologie lag das Schwergewicht auf den Bewußtseinsinhalten, nicht auf der Heilsrealität. Heil wurde unmittelbar verstanden als durch Gottes Wort verwirklicht, im Glauben empfangen, an die kirchliche Verkündigung gebunden, in einer sakramentalen Praxis bekannt. Glaube, Sakrament, Kirche: drei wesentliche Bestandteile aller Religionen. Aber *Heil* wurde dabei mehr oder weniger zum Synonym für Religion; darin steckt eine Mißachtung der erfahrenen Wirklichkeit von Heil in der Welt. Das Sprechen über Religionen und Kirchen gehört zu den „second order"-Aussagen; es betrifft nicht die direkte, erste Verwirklichung von Heil und Wohl, Erlösung und Befreiung. Welt und menschliche Geschichte, in denen Gott für Menschen Heil wirken will, sind die Grundlage aller Heilswirklichkeit: Dort vollzieht sich in erster Linie Heil... oder, sicher auch, es wird verweigert und Unheil verwirklicht. In diesem Sinn gilt: Außerhalb der Welt der Menschen gibt es kein Heil, auch kein religiöses Heil. Die geschaffene Welt, unsere Geschichte in der Natur als Umwelt, ist der Schauplatz von Gottes Heilshandeln in der und durch die Vermittlung von Menschen. Die Geschichte der Religionen ist ein Segment dieser umfassenderen Geschichte. Die Religionen sind der Ort, an dem sich Menschen ausdrücklich des Heilshandelns Gottes in unserer weltumspannenden Geschichte bewußt werden und an dem dieses Heilshandeln in der Geschichte Religionen und religiöses Heil ins Leben ruft. In dieser weltlichen Geschichte konnten Religionen entstehen und sich als Bewegungen verstehen, in denen die verschiedensten interpretierenden Erfahrungen in bezug auf das Wohl und das religiöse Heil gemacht wurden, das Gott wirkt. Wie sollten Religionen anders entstehen? Sie fallen doch nicht direkt vom Himmel!

Gerade daß man Heil exklusivistisch an Religion und Kirche koppelte, anstatt die tieferliegende Grundlage des anfanghaften Heils von Gott her in der Welt anzuerkennen (die Koppelung von Heil an die Welt der Menschen), führte oft zu einem intellektualistischen, idealistischen, sakramentalistischen und neuplatonisch-hierarchischen Bild von Gottes Heilshandeln; gleichzeitig auch zu einer einseitigen Konzentration von Heil auf Innerlichkeit. Diese Sicht ist sowohl ein Hindernis für die christliche Ökumene wie auch für die Ökumene der Religionen und schließlich die Ökumene der gesamten Menschheit. Heilsgeschichte ist also nicht einfach dasselbe wie Offenbarungsgeschichte, sondern in letzterer wird Heilsgeschichte zur ausdrücklichen, versprachlichten Glaubenserfahrung. Ohne allgemeine Heilsgeschichte ist eine besondere Offenbarungsgeschichte, wie z. B. die Geschichte Israels und Jesu, unmöglich.

Heil von Gott her vollzieht sich zuallererst in der weltlichen Geschichtswirklichkeit und nicht primär im Bewußtsein der Gläubigen, die davon wissen. Das ausdrückliche Bewußtsein des Heils ist natürlich eine eigene Gabe, deren Wert nicht unterschätzt werden sollte. Aber dort, wo zum Heil der Menschen das Gute gefördert und das Böse bekämpft wird, wird durch diese geschichtliche Praxis das Wesen Gottes – Gott als Heil für Menschen, als Grund universaler Hoffnung – in Tat und Wahrheit bekräftigt, dort eignet man sich auch Gottes Heil zu: in und durch tatkräftige Liebe. Die menschliche Geschichte, das Zusammenleben der Menschen ist der Ort, an dem der Streit um Heil oder Unheil ausgetragen wird. Unsere Geschichte ist wirklich eine Geschichte von Heil und Unheil. Für Christen, die an Jesus als „Anführer des Lebens" (Apg 3,15) glauben, kulminiert die Leidensgeschichte in der geschichtlichen Erscheinung Jesu Christi, in dem das größte Unheil – nämlich die Verurteilung dessen, der von den Gläubigen „Anführer des Lebens" genannt wird – durch die überwältigende Macht des durch Gott auf Jesus und durch ihn auf uns herabgesandten Geistes zur Quelle des ewigen Lebens verwandelt wurde. Auch wenn der Wille zur Förderung des Guten das letzte Wort hat, die faktische Praxis des Tuns des Guten wird aufgrund der Bosheit dieser Welt tatsächlich in einen Lebensweg aufgenommen, in dem zumindest empirisch, wie bei Jesus, Leiden und Unrecht das letzte Wort haben.

Menschlich sinnvolle Geschichte, Heilsgeschichte und Offenbarungsgeschichte

Tatsachen werden erst in einem Sinnzusammenhang, in einer Tradition gedeuteter Tatsachen, zur Geschichte. Das ist die erste Ebene von Sinn: Menschliche Befreiung geschieht und wird auch als solche erfahren. Innerhalb einer durch den Gottesglauben bestimmten religiösen Erfahrungstradition wird das menschliche Befreiungsgeschehen auf einer zweiten Sinnebene gedeutet: in Beziehung zu Gott. Gläubige Menschen bekennen dann, daß Gott in und durch Menschen Rettung gebracht hat. Das profane Geschehen wird zum Material für das „Wort Gottes". In diesem Sinn hat Offenbarung eine sakramentale Struktur.

Religiöser Sinn eines Geschehens in der Welt setzt also *menschlichen* Sinn voraus; anders ausgedrückt: Heilsgeschichte ist ein Geschehen, in dem Menschen befreit werden. *Offenbarung* setzt ein für den Menschen sinnvolles Geschehen voraus, ein Geschehen, das auch schon ohne direkten Bezug auf Gott – „etsi deus non daretur" – für Menschen relevant ist. Entscheidend ist die befreiende Wohltat, ohne die die religiöse Deutung leer wird und als überflüssiger und nichtssagender Überbau in der Luft hängt. Niemand kann im Kampf für das Gute und gegen das Böse unparteiisch bleiben, ebensowenig wie Gott in einem beliebigen Teil der menschlichen Geschichte sein Wesen offenbaren kann: Nur in einer profanen Geschichte, in der Menschen unerwartet zu wahrer Menschlichkeit befreit werden, kann Gott sein eigenes Wesen offenbaren. Die profane Geschichte umfaßt ja auch viel Leidens- und Unheilsgeschichte; in ihr kann sich Gott nicht offenbaren ... es sei denn als Veto oder als Gericht. In der Geschichte menschlicher Befreiung sind die Gläubigen das Angesicht Gottes. Ungläubige sind es nicht; aber auf der Ebene menschlicher Befreiung (als Material für die Offenbarung Gottes) können Gläubige und Ungläubige in einer gemeinsamen Sprache über dieses Geschehen sprechen. Erst dann kann sich zeigen, was die ausdrückliche Nennung Gottes als Herz und Quelle jedes Heilsgeschehens an Neuem dazufügt. Es kann ja kein Zweifel daran bestehen: Der Glaube an Gott macht Christen de facto noch nicht menschlicher als die anderen. Die vorrangige Liebe von Menschen zu den Armen ist eine implizite Bestätigung dessen, was Christen Gottes freies Wesen nennen: unbedingte Liebe, Liebe ohne Bedingung. Einige Beispiele können diese Struktur der Offenbarung verdeutlichen.

Im Buch Exodus läßt sich noch deutlich sehen, welcher profane geschichtliche Vorgang die Grundlage für das jüdische Exodusbekenntnis bildet (Dtn 26, 5–9). Mose sah, „wie ein Ägypter einen Hebräer schlug, einen seiner Stammesbrüder" (Ex 2, 11 c). Er „schaute ihnen bei der Fronarbeit zu" (2, 11 b). Mose wird zornig, greift ein und tötet den Ägypter. Die Tat wird bekannt, und Mose flieht. Im Lauf der Zeit widersetzen sich einige semitische Stämme, solidarisch mit Mose. Sie befreien sich aus der Hand der Ägypter: Es ereignet sich ein „menschlich befreiendes Geschehen", das zunächst nur sehr undeutlich auch religiös verstanden wird. Diese profane und auch schon irgendwie religiös verstandene Geschichte wird (vor allem in der Tradition des Deuteronomiums) von

Jahwe-Gläubigen „neugelesen" und ausdrücklich thematisiert; sie wird als besondere „Heilsgeschichte" interpretiert; Menschen, die an Gott glauben, kommen zur Erfahrungseinsicht: *Der Herr hat das Volk aus Ägypten gerettet.* Hier zeigt sich die Struktur von Heils- und Offenbarungsgeschichte. Es wird sichtbar, daß das Sprechen in Glaubenssprache über Gottes Handeln in der Geschichte auf der erfahrbaren Grundlage eines ganz bestimmten menschlichen Handelns in Welt und Geschichte im Rahmen des natürlichen Geschehens mit seinen Bestimmtheiten, Unbestimmtheiten und Zufällen beruht. Menschliches Sprechen über die Transzendenz Gottes hat keine andere Grundlage als unsere Kontingenz – unsere wechselhafte, prekäre menschliche Geschichte. Die religiöse Sprache mit ihrer eigenen Spiritualität bezieht ihr Material aus unserer menschlichen Kontingenz-Erfahrung als mögliche (nicht zwingende) „Erschließung" dennoch erfahrbarer tieferer Dimensionen.

Trotzdem ist die deuteronomistische Deutung als „Befreiung" (und nicht als „Flucht" wie in einer anderen alten Tradition) nur eine Interpretation; andere alttestamentliche Traditionen deuten den Auszug aus Ägypten auf andere Weise religiös. Es geht also wirklich um Suchentwürfe oder religiöse Modelle, die das Leben der Gläubigen bestimmen. Aber daß religiöse Erfahrung und Interpretation auf einem menschlich-sinnvollen Geschehen beruhen, hält sich auch in den anderen Interpretationen unverkürzt durch.

Auch bei Jesus muß man erst nach einem menschlichen Geschehen in der Geschichte Ausschau halten, das Menschen befreite, sie zu sich selber brachte und sie für ihre Mitmenschen öffnete. Das alles war das

Medium, in dem Jünger Jesu von Nazaret das Angesicht Gottes erkannten und dann auch Jesus Messias und auf eine ganz besondere Weise Sohn Gottes nannten.

Ohne den geschichtlichen menschlichen Lebensweg Jesu wird die gesamte Christologie zum ideologischen Überbau. Ohne das Substrat an „menschlichem Sinn" im Jesusgeschehen wird jeder religiöse Sinn dieses Geschehens unglaubwürdig. Nur der menschliche Sinn eines historischen Ereignisses kann zum Material von „übernatürlichem" oder religiösem Sinn, von Offenbarung werden. Andererseits: Wenn wir die positive Beziehung Jesu zu Gott, vor allem seine Abba-Anrede nicht beachten, ergibt sich aus dem menschlichen Befreiungsgeschehen, das Jesus ist, nie eine befreiende Christologie und Soteriologie. Dann entsteht ein Bruch zwischen Christologie und Ethik, zwischen Christusmystik und (persönlichem und politischem) ethischem Engagement.

Ich sagte: Bevor von einer ausdrücklichen Glaubensinterpretation die Rede sein kann, ereignen sich in unserer profanen Geschichte bestimmte Geschichten von Menschen, die in sich selbst und aus sich selbst, also noch ohne ausdrücklichen Verweis auf einen transzendenten Gott, als positiv erfahren werden; als sinvolle, menschenbefreiende Ereignisse. Für Christen ist menschliche Geschichte, insofern sie Menschen zu wahrer und guter Menschlichkeit in tiefer Ehrfurcht vor dem anderen befreit, Gottes Heilsgeschichte; zwar unabhängig davon, daß wir um die gnadenhafte Heilsstruktur wissen, nicht aber davon, daß sich bewußte menschliche Befreiung ereignet hat. Manchmal stellen Theologen die Sache so dar, als ob eine „ontologische, nicht bewußte" Dimension durch die Offenbarung nur zum „Bewußtsein" gebracht würde und Heil eine Frage von Bewußtsein oder besserem Wissen wäre. Aber es verhält sich nicht so, daß eine verhüllte, ausschließlich „ontologische" Beziehung, vor allem zu Gott, durch die Offenbarung nur in Bewußtseinskategorien übersetzt würde. Es geht vielmehr um die religiöse Bedeutung von bewußt-menschlichem, befreiendem, heilendem und Kommunikation stiftendem Handeln. Die Glaubensinterpretation will deutlich machen, was es heißt, *in Begriffen von Gottes Heilsverheißungen* über die Probleme unserer alltäglichen „profanen" Welt und Gesellschaft zu sprechen, insofern darin Menschen befreit werden und zu sich selbst kommen, befreit werden von sich selbst, um in Güte und Offenheit für die anderen frei zu sein. Denn „das Menschliche" ist Medium möglicher Offenbarung Gottes.

Schließlich dürfen wir eines nicht vergessen: Weil Gott Gott ist und kein Teil unserer Welt, also auch nicht unserer Gestaltung dieser Welt, läßt er sich nicht in irgendeiner menschlichen Befreiungsbewegung der Selbstbefreiung einschließen oder sich auf sie beschränken. Er ist Herz und Quelle jeder wirklich menschlichen Befreiungs- und Heilsbewegung, aber er läßt sich auf kein partikulares geschichtliches Befreiungsgeschehen reduzieren, auch nicht auf das befreiende Exodusgeschehen des jüdischen Volkes oder das Raum schaffende, menschenbefreiende und sündenvergebende Auftreten Jesu. Der Name Gottes, der für Christen durch den Namen Jesus Christus symbolisiert wird, kann nicht nur von Unterdrückern, sondern auch von Befreiern mißbraucht werden. Dieser

Vorbehalt ergibt sich aus der „göttlichen Art und Weise", in der er ein „befreiender Gott" ist, der immer durch *menschliche Vermittlung,* aber nie auf *menschliche Art* befreit.

ZWEITES KAPITEL

Der Lebensweg Jesu, der als Christus bekannt wird

Ursprünglich ist der Terminus „Jesus Christus" kein Eigenname, sondern ein Doppelname, der gleichzeitig ein Bekenntnis enthält, nämlich das der Jerusalemer Urgemeinde: Der gekreuzigte Jesus ist der verheißene Messias, der eschatologische Gesalbte des Herrn: „Gott hat ihn zum Herrn und Messias gemacht" (Apg 2,36; vgl. Röm 1,3–4). Daß „Jesus Christus" ein Bekenntnisname ist, verweist auf die Grundstruktur aller Christologie; das Bekenntnis ist Fundament und Ursprung des Neuen Testaments. Ohne dieses Bekenntnis hätten wir nie etwas von Jesus von Nazaret gehört. Daß Jesus in unserer Geschichte bekannt wurde, ist wesentlich auch vom christlichen Bekenntnis abhängig. Aber dieses verweist seinerseits auf ein Wesen aus unserer menschlichen Geschichte. Das Bekenntnis ist so, wie es ist, weil Jesus von Nazaret so war, daß er das Bekenntnis hervorrufen konnte. Alle Aussagen über Jesus im Neuen Testament haben Bekenntnischarakter, auch wenn es sich um Erinnerungen an historische Fakten aus dem Leben Jesu handelt. Man spricht über Jesus, weil man an ihn glaubt, und nicht aus historischem Interesse. Dabei ist allerdings wichtig, daß dieses Bekenntnis einen geschichtlichen Menschen betrifft, der als partikulare Erscheinung in unserer Geschichte angesiedelt ist: Jesus von Nazaret, kein anderer und auch kein mythisches Wesen. Christologie ohne historisches Fundament ist leer und unmöglich. Diese Berufung auf die Geschichte ist in der Moderne teilweise Ausdruck eines christlichen Widerstandes gegen den ideologischen Mißbrauch des Namens Jesus Christus; denn die kirchliche Verwendung des Namens „Christus" steht unter der Kritik des Namens Jesus, seiner Botschaft und seines besonderen Lebenswegs bis zum Tod.

Der Gott Jesu

Was Jesus sagte und tat, so daß andere in ihm endgültig Heil von Gott her erfuhren, provoziert letztlich die Frage: Wer ist dieser, daß er solches tun konnte? Wenn er uns eine neue Beziehung zu Gott und seinem Reich vermittelt, liegt die Frage auf der Hand: Wie sieht *seine* Beziehung zu Gott aus? Und wie sieht Gottes Beziehung zu ihm aus?

Damit wird deutlich, daß Jesus *in seinem Menschsein* einen Namen erhält, der durch seine Beziehung zu Gott geprägt wird. Anders formuliert: Das tiefste Wesen Jesu liegt in seiner unverwechselbaren, persönlichen Verbindung mit Gott. Unsere geschöpfliche Beziehung zu Gott ist zweifellos für unser aller Menschsein wesentlich. Aber sie bestimmt unser Menschsein nicht in seiner Menschlichkeit. Nichts, kein Geschöpf, entgeht dieser Beziehung; aber damit ist noch nichts über die Eigenart dieses Geschöpfs gesagt. Bei Jesus ist mehr im Spiel. Das Neue Testament macht deutlich, daß Gott einerseits nur von und in Aussagen über den menschlichen Lebensweg Jesu „definiert" werden kann, daß Jesus andererseits aber als Mensch in seinem vollen Menschsein nur durch seine einzigartige Beziehung zu Gott und zu den Menschen definiert werden kann. Gott gehört also in jedem Fall zur Definition dessen hinzu, was und wie der Mensch Jesus ist.

Gott ist aber auch größer als seine höchste, bestimmende und definitive Selbstoffenbarung im Menschen Jesus – „Der Vater ist größer als ich" (Joh 14,28). Das Menschsein Jesu verweist also wesentlich auf Gott und auf das Kommen des Gottesreiches, für das er selber sein Leben einsetzte, dem gegenüber er es als geringer ansah. Für Jesus war die Sache Gottes – Reich Gottes als Heil von und für Menschen – größer als die Sorge um das eigene Leben. Im von sich selber absehenden Verweis auf Gott, den Jesus seinen Schöpfer und Vater nannte, liegt die Bestimmung, die eigentliche Bedeutung Jesu. Für Christen ist Jesus deswegen erstens die entscheidende und definitive Offenbarung Gottes und zweitens läßt er uns gerade darin auch erkennen, was wir Menschen letztendlich vermögen, zu wem wir gehören und was wir eigentlich sein können. Deshalb hat der Mensch Jesus, wenn man bestimmen will, wer er ist, wirklich mit dem Wesen Gottes zu tun. In Jesus offenbart Gott sein eigenes Wesen dadurch, daß er in ihm Heil von und für Menschen sein will. Um es noch einmal mit dem Kirchenvater Irenäus zu sagen: a) Das Heil des Menschen ist der lebendige Gott und b) Gottes Ehre ist das Glück, die Befreiung und das Heil bzw. Ganzsein des Menschen. Im Menschen Jesus fallen die Offenbarung des Göttlichen und die Enthüllung des wahren, guten und wirklich glücklichen Menschseins vollkommen in ein und derselben Person zusammen.

Im christlichen Credo der Kirchen wird dieses Bild von Jesus auf den Hintergrund des Glaubens an Gott als Schöpfer des Himmels und der Erde gestellt. Zum christlichen Schöpfungsglauben gehört, daß Gott uns ohne Bedingungen und Grenzen liebt: ohne unser Verdienst, grenzenlos. Schöpfung ist eine Tat Gottes, die uns einerseits bedingungslos in unsere endliche, nicht göttliche, zur wahren Menschlichkeit bestimmte Eigenständigkeit freisetzt und in der er sich gleichzeitig in grundloser Liebe zu unserem Gott bestimmt: zu unserem Heil und Glück als höchstem Inhalt des wahren und guten Menschseins. Gott schafft frei den Menschen um des Heils und Glücks der Menschen willen, aber im gleichen Atemzug will er, ebenso souverän und frei, selber der tiefste Sinn, Heil und Glück des Lebens der Menschen sein.

Das Wagnis, schaffend Menschen ins Leben zu rufen, ist, von Gott aus gesehen, ein *Vertrauensvorschuß* für den Menschen und dessen Geschichte, ohne daß der Mensch dazu irgendwelche Bedingungen oder Garantien liefert. Schöpfung ist ein Blankoscheck, für den einzig und allein Gott garantiert. Sie ist ein Vertrauensbeweis, der den Menschen, der an den Schöpfergott glaubt, dazu ermutigt, in Wort und Tat zu glauben, daß das Reich Gottes, d.h. wirklich menschliches Heil, Wohl und Glück, trotz vieler Unheilserfahrungen für den Menschen im Entstehen ist, aus der Kraft von Gottes Schöpfung, die Menschen dazu aufruft, das Heil zu verwirklichen. Deshalb ist Gott, der Treue, in seiner ganzen absolut-göttlichen Freiheit, für den Menschen eine ständige Überraschung: „Er, der ist, der war und der kommt" (Offb 1,8; 4,8). Schaffend ergreift Gott Partei für alles Geschaffene, Verwundbare. Wer jüdisch-christlich an den lebendigen Gott glaubt, für den ist die Sache des Menschen die Sache Gottes selber, ohne daß dadurch die eigenständige menschliche Verantwortung für die eigene Geschichte vermindert würde.

Der Credo-Artikel „Ich glaube an Gott, den Schöpfer des Himmels und der Erde und an Jesus Christus" bedeutet also, daß Gottes Wesen für das Nichtgöttliche, das Verwundbare befreiende Liebe in Jesus Christus ist. Gott, der Schöpfer, der Treue, ist menschenbefreiende Liebe in einer Weise, die alle menschlichen, persönlichen sozialen und politischen Erwartungen sowohl erfüllt wie auch übersteigt. Christen haben dies alles durch Erfahrungen aus dem Lebensweg Jesu gelernt, aus den konkreten Umständen seines Todes, aus seiner Botschaft und seiner mit ihr übereinstimmenden Lebensweise, schließlich aus dem apostolischen Zeugnis von seiner Auferstehung aus dem Totenreich.

Jesu Lebensweg

„Reich Gottes", das Schlüsselwort von Jesu Botschaft, ist der biblische Ausdruck für das Wesen Gottes – bedingungslose und freie, souveräne Liebe, insoweit diese im Leben von Menschen, die Gottes Willen tun wollen, zur Geltung kommt und sich offenbart. Reich Gottes meint ein neues Verhältnis des Menschen zu Gott, dessen fühl- und sichtbare Seite eine neue Art befreiender Beziehungen der Menschen untereinander in einer friedfertigen, versöhnenden Gesellschaft ist. Was das konkret beinhaltet, entzieht sich unserer menschlichen Vorstellungskraft. Wir bekommen nur einen schwachen Vorgeschmack: einerseits in menschlichen Erfahrungen von Güte, Sinn und Liebe, andererseits im Spiegel von Situationen, in denen wir das Menschliche in uns, sei es persönlich oder gesellschaftlich, als bedroht, unterdrückt und erniedrigt erfahren und die uns zum Widerstand aufrufen. Aber diese Erfahrungen erhalten ihr eigentliches Profil erst im Horizont von Jesu Lebensweg. In ihm nimmt das Bild dessen, was Reich Gottes sein kann, klare Konturen an. Das Neue Testament gibt davon in einer seiner ältesten Erinnerungen Zeugnis, wenn es sagt, daß mit Jesus das Reich Gottes nahe gekommen ist (Mk 1,15; Lk 11,20; vgl. Mt 3,2; 4,17; 10,7). An Jesus als den Christus glauben bedeutet zutiefst: bekennend und handelnd anerkennen, daß Jesus für das Nahekommen des Gottesreiches und damit für die umfassende Heilung und Heilwerdung des Menschen eine bleibend-konstitutive Bedeutung besitzt. Es geht zuinnerst um die besondere, einzigartige Beziehung Jesu zum kommenden Gottesreich als Heil für Menschen. Daß Gott mit dem Kommen Jesu ganz dicht an uns herantritt, ist eine christliche Grundüberzeugung, die deshalb auf die eine oder andere Art im christlichen Credo zum Ausdruck kommen muß.

Reich Gottes meint eine neue Welt, in der das Leid aufgehoben ist, eine Welt vollkommen heiler und geheilter Menschen in einer Gesellschaft, in der es keine Herr-Knecht-Beziehungen mehr gibt, ganz anders als unter der römischen Herrschaft. Deshalb wendet sich Jesus besonders den Armen zu: „Armen wird das Heil verkündigt." Das Handeln Jesu war vor allem darauf ausgerichtet, soziale Kommunikation herzustellen und zu ermöglichen, besonders dort, wo offiziell „Exkommunikation", Ausschluß herrschte: gegenüber öffentlichen Sündern, Zöllnern, die sich auf Kosten der Armen bereicherten, Aussätzigen usw., gegenüber allen, die auf irgendeine Art „unrein" waren. Gerade sie sucht Jesus auf, mit ihnen ißt er. Bei alldem ist sich Jesus bewußt, daß er handelt, wie Gott handeln würde. Er übersetzt Gottes Handeln für die Menschen. In den Gleichnissen ist die Rede vom verlorenen Schaf, der verlorenen Drachme, dem verlorenen Sohn. Den Glaubensgenossen, die an seinem Umgang mit unreinen Menschen Anstoß nehmen, will Jesus durch sein Handeln deutlich machen, daß Gott sich verlorenen und verketzerten Menschen zuwendet; Jesus handelt, wie Gott handelt. So läßt er den Anspruch sichtbar werden, daß in seinem Handeln und Sprechen Gott selber anwesend ist. Handeln wie Jesus ist Praxis des Gottesreiches und macht deutlich, was Reich Gottes meint: Heil für Menschen. Neben der Verkündigung Jesu steht sein Handeln, stehen auch die neutestamentlichen Wunderberichte. Es besteht historisch kein Zweifel daran, daß religiöse Verkünder zur Zeit Jesu und der alten Kirche Phänomene bewirkt haben, die nach dem Urteil der Zeitgenossen uneingeschränkt als Wunder galten. Die einzelnen Erzählungen im Neuen Testament spiegeln das Bewußtsein der Erzähler wider, daß Jesus Wunder wirkte, auch wenn sie dieses Wissen in Formen ausdrückten, die nicht unserem Verständnis des Geschehens entsprechen. Sicher ist, daß sie im Umgang mit Jesus die Fülle des Lebens erfuhren auf eine Weise, die ihre alltäglichen Erfahrungen unermeßlich überstieg.

In diesem Kontext sind die Wundertaten Zeichen der „ganzen“ geschenkhaften Welt des Reiches Gottes, das darin Gegenwart wird. Die Verkündigung der Nähe der Gottesherrschaft und die Wundertaten Jesu gehören deshalb untrennbar zusammen. Daß das heilende und helfende Auftreten Jesu und sein gesamtes Verhalten, das Menschen aus Not und Elend befreit, zu seinem Auftrag gehörten, zeigt sich auch daran, daß Jesus seine Jünger nicht nur mit dem Auftrag aussendet, seine Botschaft von Sündenvergebung und ewigem Leben, also kurz gefaßt: vom Reich Gottes, weiterzugeben, sondern auch mit dem Auftrag, „Menschen zu heilen und zu helfen (vgl. Mk 3,14–16; 6,7 ff). Die Menschen, die in Jesus Heil von Gott her erfahren durften, wurden auch selber dazu aufgerufen, ebenso zu handeln wie Jesus, sogar noch größere Werke zu tun (vgl. Joh 14,12), in bedingungsloser Liebe zum Mitmenschen. Grundlage für den Lebensweg der Nachfolger Jesu ist der Lebensweg, den Jesus selber gegangen ist.

Am Lebensweg Jesu sticht besonders die wesentliche Beziehung zwischen seiner Person und seiner Botschaft vom Kommen des Reiches Gottes ins Auge. Es besteht ein innerer Zusammenhang zwischen der Botschaft und ihrem Verkünder, wie es auch einen inneren Zusammenhang zwischen der Botschaft und dem ihr konsequent entsprechenden Handeln Jesu gibt. Mit seiner Person, seiner Botschaft und seinem Lebenswandel bürgt Jesus für den befreienden, menschenliebenden Gott. Am Lebensweg Jesu wird für den Gläubigen deutlich, daß der Gott Jesu, der Gott Israels, den Menschen ganz annimmt und ihn durch diese Annahme in der Beziehung zu sich selber und zum anderen wie auch in einer für den Menschen lebenswerten Welt erneuern möchte.

Das setzt voraus, daß Jesus auch selber aus der Überzeugung lebte, von Gott bejaht und anerkannt zu sein. Das hat die christliche Tradition später in präziserer Begrifflichkeit in der Glaubensaussage formuliert: Jesus steht in der Beziehung des *Sohnes* zu Gott dem *Vater:* „Sohn Gottes". Aber die Bedingung der Möglichkeit für diese kirchliche Formulierung liegt in der geschichtlichen Wirklichkeit Jesu, besonders in seiner „Abba"-Erfahrung, die im Kontrast zu dem, was er in „dieser Welt" erfuhr, die Quelle seiner Botschaft und seiner Lebenspraxis der Zuwendung zum leidenden Menschen war. Jesu Botschaft von und über Gott war so sehr in sein handelndes, befreiendes und Kommunikation eröffnendes Umgehen mit dem Nächsten integriert, daß sich seine Verkündigung und sein Leben gegenseitig interpretieren, während sie zusammengenommen den Menschen verändern und erneuern, indem sie ihn zur solidarischen Liebe zum Nächsten befreien, so wie der Zöllner Zachäus nach der befreienden Begegnung mit Jesus seinen Besitz mit den Armen teilt. In seiner Zuwendung zum reichen Zöllner, der ausgestoßen war, wie zu den verletzbaren Kindern, zu den Kranken und Besessenen, Krüppeln und Armen macht Jesus unmittelbar das sichtbar, von dem er spricht; so greift er hier und jetzt auf das eschatologische Heil vor: auf das Reich Gottes.

Der Tod Jesu

Die Verkündigung des herumziehenden Lehrers, den man „Rabbi“ nannte und der noch deutlicher als die Pharisäer das Gesetz als Willen Gottes zugunsten der Menschen auslegte, konnten Herodes Antipas und die priesterliche Obrigkeit nicht gleichgültig lassen. Die Überlieferung, der zufolge der Pharisäer Simon Jesus vor der Lebensgefahr warnte, die ihm von Herodes drohte (Lk 13, 31), ist historisch besonders glaubwürdig, vor allem wegen der nach dem Jahr 70 in vielen neutestamentlichen Texten anzutreffenden antipharisäischen Tendenz. Jedenfalls: In einem bestimmten Augenblick kam Jesus aufgrund verschiedener Ereignisse zu der Überzeugung, daß auch sein Lebensweg, wie der Johannes' des Täufers, auf einen schmachvollen Verwerfungstod hinführen würde. Auf die eine oder andere Weise, vielleicht in der dunklen Nacht des Glaubens, aber im Wissen um seinen Auftrag, bezog Jesus den bevorstehenden Tod in seine Verkündigung vom Reich Gottes ein: Trotz des drohenden Todes blieb er seiner Botschaft treu und nahm bei einem festlichen Mahl Abschied von den Seinen: „Von nun an werde ich nicht mehr von der Frucht des Weinstocks trinken, bis das Reich Gottes kommt“ (Lk 22, 18). Dann wurde er hingerichtet, und zwar durch eine römische Kreuzigung: „unter Pontius Pilatus“; so steht es nicht umsonst im christlichen Glaubensbekenntnis. Bei allem, was sie sonst noch bedeutet, ist diese Hinrichtung auch ein „Politikum“.

Auch den Tod Jesu darf man nicht vom Kontext seines Lebensweges, seiner Botschaft und Lebenspraxis isolieren; sonst wird aus der Erlösungsbedeutung des Todes Jesu ein Mythos. Sobald man von Jesu Botschaft und Lebensweg absieht, die zu seinem Tod geführt haben, wird die Heilsbedeutung seines Todes verdunkelt. Der Tod Jesu ist der historische Ausdruck der Bedingungslosigkeit seiner Verkündigung und seines Lebensweges, auf dem er sich überhaupt nicht um die fatalen Konsequenzen für sein Leben kümmerte. Der Tod Jesu war ein Leiden durch und für andere, bedingungslose Bestätigung einer Praxis der Güte und des Widerstands gegen Böses und Leiden. Man muß Leben und Tod Jesu als Ganzes betrachten und darf die Bedeutung seines Todes nicht isoliert sehen. Das Leben für andere hinzugeben ist wirklich der höchste Erweis von Liebe und Freundschaft, aber nur dann, wenn jede andere Lösung konkret ausgeschlossen und damit unmöglich ist! Nicht Gott, dem nach dem Buch Levitikus (18,21–30; 20,1–5) ja „Menschenopfer ein Greuel sind", hat Jesus ans Kreuz gebracht. Das waren Menschen. Auch wenn Gott stets machtvoll handelt, äußert sich die Kraft Gottes doch nicht in Machtausübung, auch nicht gegen Menschen, die seinen Christus kreuzigen wollen. Aber das Reich Gottes kommt doch, trotz des Machtmißbrauchs durch Menschen und ihrer Zurückweisung des Reiches Gottes. In der christlichen Tradition wurde der Tod Jesu zu einem zentralen Thema, obwohl es mehrere ältere Schichten im Neuen Testament gibt, in denen sich keine Glaubensinterpretation des Kreuzestodes Jesu findet. Trotzdem kann man sagen, daß die christliche Verkündigung der Heilsbedeutung des Kreuzestodes Jesu auf den Grundtenor von Jesu eigener Verkündigung zurückgeht: Jesus hat sich gegen die Vorstellung eines triumphierenden Messias gewehrt. Erst durch eine

Neudefinition dessen, was „Messias“ = Gesalbter heißt, kann dieser Begriff auf Jesus angewandt werden. Der Kreuzestod Jesu bestimmt den Begriff Messias neu: Der gekreuzigte und verworfene Jesus ist der Messias. Wie Gott identifiziert sich Jesus vor allem mit Ausgestoßenen und Verworfenen, so daß er schließlich selber zum Verworfenen und Ausgestoßenen wird. Diese Identifikation ist radikal. So gibt es eine Kontinuität zwischen dem Lebensweg Jesu und seinem Tod, und aufgrund dieser Kontinuität findet die Heilsbedeutung Jesu ihren Höhepunkt im Kreuzestod, nicht im isoliert in sich betrachteten Kreuzestod. Die Neudefinition sowohl Gottes als des Menschen durch Verkündigung und Lebenspraxis Jesu erhält ihre höchste und letzte Bedeutung in seinem Kreuzestod: Gott ist auch dort im menschlichen Leben anwesend, wo er nach menschlicher Vorstellung abwesend ist. Das Bild des Reiches Gottes, einer zukünftigen Welt, in der Wolf und Geißlein nebeneinander liegen und das Kind vor der Schlangenhöhle spielt, hatte man auch falsch verstehen können: Vor dem Tod Jesu klang es den Jüngern als Triumph in den Ohren, fast zu schön, um wahr zu sein. Aber durch den und aus dem Lebensweg Jesu wurden sie weiser. Wo das Gute triumphiert, wo Leid und Unrecht zurückweichen, wird Gott in der Praxis bekannt. Aber das ist nicht alles, es kommt anderes dazu: Jesus macht sichtbar, daß sich Heil auch im Leiden und im Ertragen einer ungerechten Hinrichtung vollziehen kann. Jesus, der zu seinem Vater beten konnte, daß sein Reich kommen möge, in dem wir Menschen seinen Namen dadurch heiligen, daß wir hier und jetzt auf der Erde seinen Willen vollbringen, so wie es die Engel immer schon im Himmel tun, und der betete, sein und unser Vater möge tatkräftig die dreifache Aufgabe eines jüdischen Vaters vollbringen, nämlich für die täglichen Bedürfnisse der Kinder sorgen, ihnen die bösen Taten vergeben, wenn sie diese wirklich bereuen, und sie schließlich vor allem Bösen behüten – dieser betende Jesus hat am Kreuz erfahren, daß auch sein Gebet mehr einem einsamen Monolog als einem Dialog von Wort und Antwort glich. Selbst für Jesus galt, daß einer, der wirklich den persönlichen Kontakt zu Gott sucht, den Eindruck hat, er höre in seinem Gebet nur das leere Echo der eigenen Stimme. Am Kreuz hatte Jesus an der Gebrochenheit unserer Welt Anteil. Das bedeutet aber, daß Gott in absoluter Freiheit, vor aller Zeit, bestimmt, wer und wie er in seinem tiefsten Wesen sein will, nämlich ein Gott der Menschen, ein Bundesgenosse in unserem Leiden und in unserer Absurdität, ein Bundesgenosse auch in dem Guten, das wir vollbringen. In seinem eigen Wesen ist er ein Gott für uns. Deshalb glaube ich nicht, daß man die klassische Unterscheidung zwischen „Gott in sich" und „Gott für uns" noch aufrechterhalten kann. Im Neuen Testament geschieht eine theologische Neudefinition verschiedener Gottesbegriffe, wie auch eine Neudefinition des Menschen. Gott nimmt den Menschen ohne irgendeine Bedingung von dessen Seite an. Und gerade durch diese bedingungslose Annahme verwandelt er den Menschen, führt ihn zur Umkehr und Erneuerung. Deshalb ist das Kreuz auch das Gericht über unsere selbstproduzierten Vorstellungen: auf den Wegen, auf denen wir erfahren, was Menschsein und was Gottsein ausmacht. Darin offenbart sich endgültig und definitiv die Menschlichkeit Gottes, der Kern von Jesu Botschaft vom Reich Gottes: Gott, der in der Welt der Menschen zu seinem Recht kommt für das Ganzwerden und das Glück von Menschen; auch durch sein Leiden hindurch. Gott stellt uns Menschen keine Bedingungen für sein erlösendes und befreiendes Eingreifen, auch dem Menschen Jesus nicht: „Ja, Gott war es, der in Christus die Welt mit sich versöhnt hat" (2 Kor 5, 19). Nicht Gott hat Jesus dem Tod überliefert, sondern Menschen haben es getan; aber diese Hinrichtung ist gleichzeitig das von Menschen bereitete Material für die tiefste Selbstoffenbarung Gottes, wie sich am neutestamentlichen Glauben an die Auferstehung Jesu zeigt.

Die Auferstehung Jesu

Nur ein neues Handeln Gottes konnte das geschichtliche Leben Jesu über den Bruch seines Todes hinweg mit dem „Christus des kirchlichen Glaubens" verbinden, mit dem Bekenntnis: „Er ist wahrhaft auferstanden." Erst in der Auferstehung von den Toten, in Gottes endzeitlichem Handeln an Jesus, dem Gekreuzigten, werden das Urteil Gottes über Jesus, und seine Zustimmung zu ihm, zu seiner Botschaft, seinem Lebensweg und seinem Tod für den Gläubigen deutlich. Der Osterglaube setzt ein neues Handeln Gottes am gekreuzigten Jesus voraus. Darin wird in erster Linie erkennbar, wie sich Gott zu Jesus verhält – in Rezeption und Deutung durch die Jünger Jesu. Paulus war sich dessen wohl bewußt, als er den korinthischen Leugnern der Auferstehung ausdrücklich entgegenhielt: „Einige Leute wissen nichts von Gott" (1 Kor 15,34). Deshalb ist die Wirklichkeit der Auferstehung, durch die der Auferstehungsglaube erst bewirkt wurde, sowohl der authentische Prüfstein für das von Jesus verkündete Gottesverständnis wie für unsere soteriologische Christologie. In der Auferweckung bestätigt Gott authentisch Person, Botschaft und den gesamten Lebensweg Jesu. Er setzt sein Siegel darauf und verwirft, was Menschen Jesus angetan haben.

Ebensowenig wie man den Tod Jesu von seinem Lebensweg isolieren kann, kann man seine Auferstehung von seinem Lebensweg und seinem Tod abtrennen. Tod und Auferstehung Jesu als Kern der christlichen Botschaft herauszulösen bedeutet letztlich: den prophetischen Gehalt des ganzen Auftretens Jesu mit Schweigen zu übergehen. Man hat dann das „paulinische Kerygma" ohne die vier Evangelien, während doch Paulus erst im Ganzen des Neuen Testaments kanonisch ist.

Zunächst ist festzuhalten, daß der christliche Auferweckungsglaube wirklich eine erste evangelische Bewertung von Jesu Leben und Kreuzestod ist, vor allem die Anerkennung der inneren, durch nichts ungeschehen zu machenden, unwiderruflichen Bedeutung von Jesu Verkündigung und Praxis des Reiches Gottes. Der Auferstehungsglaube wird entleert, wenn diese erste Dimension unberücksichtigt bleibt. Aber zu diesem Glauben gehört noch mehr; auch wenn dieses „Mehr" in Verbindung mit Leben und Tod Jesu steht. Die Auferstehung Jesu ist in zweiter Linie der Durchbruch bzw. das Sichtbarwerden von etwas, das schon in Leben und Tod Jesu anzutreffen war: seiner Lebens- und Gnadengemeinschaft mit dem lebendigen Gott, einer Gemeinschaft, die kein Tod zerbrechen konnte. Mit dieser Lebensgemeinschaft beginnt schon auf Erden das, was „ewiges Leben" heißt. Aber es kommt ein Drittes hinzu: In gewisser Hinsicht ist die Auferstehung auch eine von Gott gesetzte Korrektur; sie ist nicht nur die Verlängerung der Lebensgemeinschaft Jesu mit Gott (über den Tod hinaus), sondern sie ist im Keim die Aufrichtung des Reiches Gottes: Erhöhung und Verherrlichung Jesu durch Gott. „Ich glaube an Jesus, den Herrn."

Dennoch bleibt das alles eine auch theologisch nur schwer einzuordnende Abstraktion, wenn wir nicht die lebendige „pneumatische" Präsenz Jesu in seiner Kirche einbeziehen. Durch den und im christlichen Glauben an die Auferstehung Jesu bleibt der gekreuzigte, aber aufwerweckte Jesus in unserer Geschichte wirksam. Die Auferstehung Jesu, die durch ihn geschehene Geistsendung, die Entstehung der christlichen „Gemeinde Gottes" als Kirche Christi, die aus dem Geist lebt, und das neutestamentliche Zeugnis von all dem, also der Auferweckungsglaube, definieren sich gegenseitig, ohne daß das eine mit dem anderen identifiziert werden könnte. Man kann sagen, daß die aufgrund der Auferweckung Jesu entstandene „Kirche Christi" das ist, was im Neuen Testament letztlich mit dem „Erscheinungen Jesu" gemeint ist: in der gläubigen, „versammelten" Kirchengemeinschaft erscheint der gekreuzigte und auferstandene Jesus, ist er anwesend. Wo die Kirche von Jesus Christus lebt, wo sie betend und befreiend in seiner Spur lebt, gibt es auch keine Krise des Auferstehungsglaubens. Andererseits muß aber gesagt werden: Lieber keinen Gott anerkennen, lieber nicht an das ewige Leben glauben als an einen Gott glauben, der Menschen mit der Aussicht auf ein besseres Jenseits klein macht, sie kleinhält und erniedrigt. Sowohl „Gott" wie „Jesus" bekommen im christlichen Evangelium eine kritische und produktive, befreiende Kraft. Das von Jesus proklamierte Kriterium der „Humanisierung" und – über alle menschlichen Erwartungen auf das angezielte und immer bedrohte „Humanum" hinaus – das Pathos für die Menschlichkeit des Menschen, für seine Ganzheit und sein Heilsein als eine Sache, die Gott am Herzen liegt: Das ist keine Reduktion des Evangeliums. Evangelium ist nicht nur frohe Botschaft im Blick auf Jesus, sondern auch auf den Gott Jesu, den Schöpfer Himmels und der Erde, den Gott aller Menschen. Die Botschaft Jesu umfaßt das Reich Gottes in seiner ganzen Höhe und Tiefe, Breite und Länge, nicht nur die Sündenvergebung und das ewige Leben, selbst wenn beides vorrangig dazugehört. Jesus verkündete schließlich die absolute, geschenkte und wirkmächtige Nähe des schaffenden und heilbringenden Gottes. Im Blick auf den Lebensweg Jesu lernen wir Christen, den Inhalt dessen, was „Gott" meint, und den Inhalt dessen, was „Mensch" sein kann, stammelnd auszusprechen. Aber der Zugang scheint für bürgerliche Mittelstandschristen, zu denen wir im Westen alle geworden sind, ein ganz anderer zu sein als für Christen in der Dritten Welt. Hier im Westen versuchen wir uns als Christen und Theologen dem modernen säkularisierten Menschen zuzuwenden, um den christlichen Glauben für ihn annehmbar zu machen. Christen und Theologen in der Dritten Welt wenden sich dagegen dem zum Nichtmenschen gemachten Menschen zu, der Nichtperson, die sich eher die Frage stellt, wie man in einer Welt von Leiden und Unterdrückung an einen guten, befreienden Gott glauben kann. Ich meine, dieser Zugang steht den Anliegen Jesu näher als der erste. Ich meine auch, daß unsere westliche Theologie beide Zugangsweisen kombinieren muß, weil wir sonst letzlich in eine westliche Emanzipationstheologie verfallen, die mit christlichem Glauben und Christologie nicht mehr vereinbar ist.

Eschatologische Zukunft

Nur in symbolischer Sprache läßt sich das Undefinierbare des angezielten, immer nur in Fragmenten anzutreffenden und außerdem auch immer bedrohten „Humanum", also die eschatologische Fülle und Freiheit, zum Ausdruck bringen: Wir müssen in Gleichnissen und Metaphern sprechen, die weiter reichen als die verarmende Präzision unserer definierenden Begriffe. Die großen Metaphern, wie sie in der jüdischen und christlichen Bibel in vielerlei Varianten und Abschattungen anzutreffen sind, weisen voraus auf das, was Menschlichkeit letztendlich sein wird.

a) Das definitive Heil bzw. die radikale Befreiung der Menschheit zu einer brüderlichen und schwesterlichen Gesellschaft und Lebensgemeinschaft, in der es keine Herr-Knecht-Beziehungen mehr gibt und in der Tränen und Schmerz abgewischt und vergessen sind, wird „Reich Gottes" genannt.

b) Das vollkommene Heil und Glück der individuellen Person (die in der Bibel „sarx", Körper oder Fleisch, heißt) in der vollendeten Gemeinschaft nennt die christliche Glaubenstradition „Auferstehung des Fleisches", d.h. der menschlichen Person, bis hinein in ihre menschliche Leiblichkeit, verstanden als der sichtbare Ausdruck, die eigene Melodie einer Person, an der sich auch andere erfreuen können.

c) Schließlich wird durch die große Metapher „neuer Himmel und neue Erde" auf die Vollendung eines unverletzten, für den Menschen lebensnotwendigen „ökologischen Lebensmilieus" verwiesen.

Diese drei metaphorischen Ausblicke auf die von Gott den Menschen zugedachte Zukunft orientieren schon jetzt das Handeln der Christen in der Welt, und zwar nicht ohne Bestimmung und Ziel, sondern in eine sehr bestimmte, weil durch die Dynamik der drei Symbole gewiesene Richtung: Es braucht die Sorge um eine bessere Gesellschaft für alle Menschen, vor allem für Ausgestoßene, Marginalisierte und Verwundete; es braucht sowohl eine Pastoral der Kommunikation wie auch die ständige Gesellschafts- und Kulturkritik dort, wo Unrecht geschieht; es braucht die Sorge um den menschlichen Leib, um die psychische und gesellschaftliche Gesundheit des Menschen; auch die Sorge um die natürliche Umwelt des Menschen; die Sorge um das Geschenk des christlichen Glaubens, der Hoffnung und der Liebe; die Sorge für sinnvolles liturgisches Beten und für eine überzeugende Sakramentenpraxis; schließlich die Sorge um die individuelle Pastoral, vor allem an Menschen, die einsam sind und „keine Hoffnung mehr haben". Aus dieser eschatologischen Hoffnung schöpft die christliche Spiritualität, mit der Christen dies alles tun, ihre Kraft und ihre Freude.

DRITTES KAPITEL

Jesus und die Kirche Christi

Kirche als Institution gibt es nie um ihrer selbst willen, auch wenn sie (wie viele Religionen) das nicht selten vergessen hat. Gerade deshalb sollten wir nicht so viel direkt über die Kirche sagen. Es braucht ein Stück „negative Ekklesiologie", Kirchentheologie in Moll, um ein gesundes Gleichgewicht zu erreichen und über den jahrhundertealten Ekklesiozentrismus der empirischen Größe „christlicher Glaube" hinwegzukommen: um Gottes, um Jesu Christi und um der Menschen willen. Gott, Jesus Christus und die Menschen gehören zusammen; sie dürfen nie als Konkurrenten oder in antagonistischen Beziehungen einander gegenübergestellt werden. Auch die Sünde beleidigt Gott nur in seinen Geschöpfen: im Menschen und in seiner mitkreatürlichen Welt, in Tieren und Pflanzen, in der natürlichen Umwelt, in unserer Gesellschaft, in unserem Herzen, unserer Innerlichkeit wie in unserem solidarischen Angewiesensein auf Mitmenschen. Wer diese Welt verwundet und schändet, begeht, theologisch gesprochen, eine Sünde gegen den Schöpfer des Himmels und der Erde – gegen den, den viele Menschen, mit welchem Namen auch immer, Gott nennen: das Geheimnis, das sich leidenschaftlich einsetzt für das „Ganzsein" von Natur und Geschichte, der Gesellschaft und der Menschen untereinander – wie sehr dieser Name auch durch das

Verhalten der Gläubigen der verschiedensten Religionen beschmutzt und verdunkelt wurde.

Wir müssen die Kirche hier in einer zweifachen Perspektive betrachten. Zunächst im Blick auf das, was im ersten Kapitel darüber ausgeführt wurde, daß Gott in dieser Welt die profane Geschichte durch die Vermittlung von Menschen zur Heilsgeschichte macht. Welche Bedeutung hat dann die Kirche für diese Heilsgeschichte? Zum zweiten geht es um das Verhältnis der Kirche zu Jesus von Nazaret. Abschließend möchte ich noch einiges zur Ökumene sagen.

Kirche und Welt

Im ersten Kapitel sagte ich, daß sich Heil von Gott her in erster Linie in der weltlichen Wirklichkeit der Geschichte vollzieht und nicht primär in den Religionen und Kirchen, die das Heil von Gott her bezeugen. Daraus ergeben sich Konsequenzen für unser Verständnis von Religionen und Kirchen. Religionen und Kirchen sind nicht selber das Heil, sondern „Sakrament" des Heils, das Gott in der von ihm erschaffenen Welt durch Vermittlung von Menschen in ganz bestimmten Lebenskontexten wirkt. Gerade weil man die Kirche nicht „an ihren Ort verweist" und gleichzeitig auf den „Platz, der ihr zukommt", und das grundlegende Heilsgeschehen vergißt, das sich in der Welt vollzieht, werden Kirchen oft sektiererisch, klerikal und unpolitisch – und damit auf versteckte Art gerade sehr politisch! Religionen und Kirchen gehören auf die Ebene des „Zeichens": Sakrament des Heils. Sie sind die ausdrückliche Benennung und letzte Erfüllung des Heils. Kirchen sind Orte, an denen das Heil von Gott her thematisiert und zur Sprache gebracht, ausdrücklich bekannt, prophetisch verkündigt und liturgisch gefeiert wird. So besteht ein nicht auflösbarer Zusammenhang zwischen „Welt" und „Religion". Schließlich fallen Enthüllung und Verhüllung Gottes ja notwendigerweise zusammen: Wer nur auf die Verhüllung schaut, kann Gott tatsächlich vergessen, verschweigen und sogar totschweigen. Religionen und Kirchen sind die Anamnese, d. h. die unter uns lebendige Erinnerung an die universale, „schweigende", aber wirkkräftige Heilspräsenz und an den Heilswillen Gottes in unserer Weltgeschichte. Religionen, Synagogen und Pagoden, Moscheen und Kirchen sorgen durch ihre religiöse Wortverkündigung, ihre Sakramente oder Riten und ihre Lebenspraxis dafür, daß die universale Heilsgegenwart nicht in Vergessenheit gerät. Die Zukunft der Kirchen hängt deshalb davon ab, daß sie aus dem Leben mit Gott heraus in der Zukunft der Welt präsent sind. Da Religion oder Kirche per definitionem auf die Geschichte der Menschen, auf das, was in der Welt geschieht, angewiesen sind, verstehen sich die Kirchen falsch, wenn sie sich a) nicht in Beziehung zum erfahrbaren Geschehen in der Welt verstehen und b) wenn sie glauben, ihre teilnehmende und auch deutende Beziehung zum Weltgeschehen zugunsten spezifisch religiöser Formen wie Bekenntnis, Wort und Sakrament vernachlässigen zu können. Die politische Bedeutung der Kirchen muß auf der mystischen Dimension der Kirche und darf nicht auf weltlicher Macht gründen.

Die wirkliche Erscheinung Gottes im Weltgeschehen ist die Bedingung, unter der „kirchliches Sprechen" über Gott möglich wird; gleichzeitig macht die Verhüllung der Gegenwart Gottes in der Welt religiöses und kirchliches Sprechen notwendig. Die Kirchen leben aus dem Heil, das Gott in der Welt wirkt. Religionen – Hinduismus, Buddhismus, Israel, Jesus, Islam usw. – sind ein Segment unserer menschlichen Geschichte und sind ohne die „profane" Geschichte nicht zu verstehen. Die religiösen Symbole der Religionen „vermitteln" für das gläubige Bewußtsein die verhüllte Anwesenheit Gottes in der Welt. Denn auch für Gläubige bleibt er der verborgene Gott, der Verhüllte, auch für den Menschen Jesus von Nazaret. Es gibt daher einen „göttlichen Vorbehalt" sowohl in bezug auf die „Welt" wie auf die „Kirche".

Kirche und Religion sind gleichsam die dankbare Begrüßung der anonymen, verhüllten und bescheidenen Ankunft Gottes in der Welt. Bekenntnis, Wort und Sakrament und Glaubenspraxis, heilendes und Kommunikation stiftendes Handeln in der Nachfolge Jesu machen die Erfahrung des Weltgeschehens nicht überflüssig, während das sogenannte „äußerliche" weltliche Geschehen das Sprechen in christlicher Glaubenssprache und die christliche Praxis notwendig machen. Gerade deshalb läßt sich die geschichtliche, auch sozial-politische Praxis in der Welt nicht vom verkündigenden, pastoralen und sakramentalen Handeln der Kirche trennen. Diesen Zusammenhang aufzulösen bedeutet, die innere Struktur von Religion und Kirchesein zu verletzen.

Das bekennende Sprechen religiöser Menschen und ihrer Führer ist deshalb nie eigenmächtiges Sprechen, sondern gnadengewirkte Antwort auf das, was allem Sprechen von Gläubigen vorausliegt: Gottes schöpferisches Handeln in der Geschichte in und durch Menschen zum Heil von Menschen. Menschen, Gläubige in einer bestimmten Erfahrungstradition, bringen dieses Handeln Gottes zur Sprache; nur so können wir – und dann mit Recht – vom „Wort Gottes" sprechen. Gott selber ist die Quelle, die unserem Sprechen über Gott vorausliegt. Wir verdanken unser bekennendes Sprechen über Gott dem Gott, der sich uns zuspricht. Deshalb sind Kirchen auch Gemeinschaften, die zu Gott sprechen, betende Glaubensgemeinschaften und nicht nur irgendwelche Aktionsgruppen, so lobenswert solche Gruppen auch sein mögen. Die Praxis der Kirche besteht im Tun dessen, was besonders in der Liturgie erzählt wird. Es ist deswegen als kennzeichnend zu betrachten, daß Jesus, der dem universalen Heilswillen des Schöpfergottes in Wort und Tat in einzigartiger Weise ein menschlich erkennbares Gesicht gab, gerade durch ein weltliches, profanes Urteil ans Kreuz kam. In diesem Sinn ist ein historisches, profanes und politisches Geschehen der zentrale Bezugspunkt der christlichen Kirchen, ein Geschehen, das sie mit Recht liturgisch begehen: Sie sind ja das feiernde „Sakrament" des Heils, das Gott in der Welt wirkt.

Jesus von Nazaret und die Kirche Christi

In der Kirche Christi geht es um den Bericht über einen Juden, der in unserer menschlichen Geschichte auftrat und nach seinem Tod von eifrigen Anhängern als „der Christus, Gottes eingeborener Sohn, unser Herr", bekannt wurde. In diesem Bericht, der zum erstenmal in dem, was die Christen das Neue Testament nennen, schriftlich fixiert wurde, lesen wir, wie bestimmte Menschen auf die historische Erscheinung Jesu reagierten und wie sie dadurch veranlaßt wurden, ein anderes, neues Leben zu führen. Auch wenn andere Menschen in einer ebenso radikalen Reaktion diesen Jesus heftig verworfen und ihn sogar durch eine Hinrichtung aus dem Weg geräumt haben: Durch das Neue Testament können wir wie in einem Spiegel in wesentlichen Zügen historisch rekonstruieren, wer Jesus war, wie er lebte, was ihn beseelte. Denn ihm wollen diese kirchlichen Gemeinschaften nachfolgen. Von Jesu eigener Hand gibt es keine Schriften, keine unmittelbaren Dokumente. Nur im Spiegel seiner Jünger erhalten wir ein Profil, ein Porträt Jesu. So scheint eine dialektische Wechselbeziehung zwischen unserem Verstehen des historischen Jesus und Glauben und Praxis der Kirche zu bestehen.

Die späteren Anhänger versuchten für sich selber zu begreifen, was Jesus für seine ersten Jünger bedeutet hatte und was er auch für ihr eigenes Leben hier und jetzt bedeutet und bedeuten kann. Dieser erste Deutungsprozeß schlug sich zumindest teilweise in dem nieder, was wir das Neue Testament nennen. Die neutestamentlichen Berichte zeigen, daß die Wirkungen des irdischen Lebens Jesu entweder radikale Nachfolge oder heftige Zurückweisung provozierten. Weiter läßt sich feststellen, daß die ganze Geschichte der Kirche in ihrem Auf und Ab aus einer immer neuen „Nachfolge Jesu" besteht, einem Gehen in den Spuren Jesu, ebenso in einem ununterbrochenen Prozeß der

Interpretation, in dem sich Christen, jeweils mit anderen Situationen und Problemen in Kirche und Welt konfrontiert, in Treue gegenüber der überlieferten Tradition gläubig und gleichzeitig kritisch auf das einlassen, was ihnen frühere Generationen übergeben haben: Die Identität des „historischen Menschen Jesus" mit dem „Christus des Glaubens" beziehungsweise dem „Christus der Kirche" ist eine Grundaussage des Neuen Testaments. Es geht dabei nicht um einander ausschließende Alternativen. Allerdings sehen wir inzwischen deutlicher, daß es durchaus ein Spannungsverhältnis gibt, ohne das Christentum nicht Christentum und das Evangelium nicht das Evangelium wäre. Es gibt für Christen keinen Jesus ohne das kirchliche Bekenntnis über Christus, so wie es kein kirchliches Bekenntnis gibt ohne das menschenbefreiende Auftreten des historischen Jesus von Nazaret.

Der vielfach konstatierte gewisse Bruch zwischen dem „historischen Jesus" und dem „kirchlichen Christus" ist also nicht so sehr Folge der modernen historisch-kritischen Methode, als vielmehr des zurückgehenden Einflusses der Kirche auf Gesellschaft und Kultur: Gerade wegen dieser Emanzipation der Gesellschaft bekam die historisch-kritische Methode ihre Chance; vorher herrschte das Monopol der kirchlich-konfessionellen Schriftauslegung. Jetzt erst wurde eine wissenschaftliche Erforschung der Schrift möglich, die nicht unter kirchlicher Aufsicht stand; hier liegt eine unleugbare Errungenschaft der kritischen Exegese, die die Bibel als Literatur untersucht, die für jeden, der es möchte, zugänglich ist. Die Kirchen reagierten zunächst ablehnend auf diese wissenschaftliche Exegese, weil sie einen „Bruch" zwischen dem Jesus, wie ihn die historisch-kritische Methode rekonstruierte, und dem Jesus sichtbar machte, wie ihn die Kirchen bekennen. Dieser Unterschied darf weder geleugnet noch geglättet werden, auch nicht durch die Einsicht, daß man schon im Leben Jesu, vor Tod und Auferstehung, im Neuen Testament eine Schicht „impliziter Christologie" erkennen kann. Wegen der Rolle des Rationalismus beim Entstehen des „historischen Positivismus" wirkte sich die historisch-kritische Methode tatsächlich kritisch gegenüber der kirchlichen Tradition aus; diese befürchtete die Ablehnung des kirchlichen „ Christus des Glaubens". Aber gleichzeitig brachte sie eine besondere, bis dahin verborgene Struktur aller Christologie zum Vorschein. Das moderne Phänomen einer freien, wissenschaftlichen Exegese der neutestamentlichen Texte brachte eine latente, unverwechselbare Struktur der Christologie an den Tag: Die „Spannung" zwischen dem tatsächlichen Lebensweg Jesu, wie er durch die vier Evangelien bezeugt wird, und den Hoheitstiteln, die in den gleichen Evangelien bekannt werden. Ich habe selbst früher nachdrücklich dafür plädiert, die Bedeutung Jesu nicht von den Hoheitstiteln, sondern von seinem konkreten Lebensweg aus zu interpretieren, wodurch alle vorhandenen Hoheitstitel „gebrochen" werden. Die Spannung zwischen „Jesus" und „Christus" ist nicht erst Folge des modernen historisch-kritischen Zugangs, sondern eine strukturelle Eigenart des Neuen Testaments und aller Christologie: Gerade die unaufhebbare „Andersheit", die konstitutiv für jede historische und also kontingente Wirklichkeit ist, macht verschiedene Interpretationen der Figur „Jesus Christus" möglich und notwendig. Wegen dieser Spannung zwischen dem „Jesus der Geschichte" und dem „Christus des Glaubens" kann niemand Jesus für sich allein in Beschlag nehmen. Es hat sich gezeigt, daß die historisch-kritischen Methoden erst dadurch für den kirchlichen Glauben subversiv werden, daß sie keinem autoritären Zwang unterliegen. Etwas spät erst förderten deshalb auch die christlichen Kirchen die historisch-kritische Methode, allerdings in apologetischer Absicht. Die historischen Untersuchungen könnten, so glaubte man, die Kontinuität zwischen dem Jesus der Geschichte und dem Christus des Glaubens aufweisen! Die Kirche benützte die Waffen des rationalistischen Gegners, um die eigene Position zu festigen. Der Modernismus Anfang dieses Jahrhunderts läßt sich als Widerstand gegen eine solche „kirchliche Domestizierung" der historischen Methoden verstehen: Man wollte „wissenschaftlich" eine Autorität legitimieren, die man in Gesellschaft und Politik verloren hatte. Die ganze Polemik um den „Jesus der Geschichte" und den „kerygmatischen Christus" oder den Jesus des kirchlichen Glaubens war, historisch betrachtet, weniger eine christologische Frage als vielmehr ein Kampf gegen das exklusive kirchliche Patent für die Schriftauslegung. Wir sollten deshalb bei aller Einseitigkeit der Position von Bultmann nicht zu schnell den wahren Kern seiner Grundeinsicht vergessen: seine Bestreitung einer glatten Kontinuität zwischen dem historischen Jesus und dem Christus des kirchlichen Glaubens. In der gegenwärtigen Situation der Kirchen, die einen apologetischen Gebrauch von den historischen Untersuchungen über Jesus von Nazaret machen – sie wollen die Kontinuität zwischen dem Jesus der Geschichte und dem Christus des Glaubens aufweisen –, gewinnt Bultmann als kritische Anfrage an den kirchlichen Glauben wieder neue Bedeutung: Schärfer als früher sind wir uns alle bewußt, daß die historische Methode keinen Eingriffen von außen unterliegen darf. Für die Kirchen bedeutet das gleichzeitig, daß sich ihr Zeugnis als einzige Instanz auf das „eigene Kerygma" berufen kann und nicht in die Kompetenz der autonomen, historischen Methoden der Wissenschaft fällt. „Jesus Christus" gehört Bultmann zufolge zum Binnenbereich einer kirchlichen Familie, er ist ihr unermeßlicher Schatz. Bultmann hat damit durchaus etwas Richtiges gesehen. Aber man muß die Gegenfrage stellen: Wird dadurch nicht die Glaubensbotschaft gegenüber allem anderen abgeschirmt? Hat eine christliche Familienidylle nicht auch Nachteile?

Der „Bruch" oder besser der „auffällige Unterschied" zwischen dem Jesus der Geschichte und dem Christus des Glaubens ist nicht erst eine „moderne" Frage, sondern beruht auf dem Text des Neuen Testaments selber. Die historische Auseinandersetzung zwischen „wissenschaftlicher Bibelinterpretation" und „kirchlicher Bibelinterpretation" brachte ein grundlegendes theologisches, ein „christologisches Problem" zum Vorschein: Die historische Gestalt, Jesus von Nazaret, geht keinesfalls völlig darin auf, wie sie in und durch die kirchliche Verkündigung und Dogmatik ausgedrückt wird: Die Kirchengeschichte zeigt, daß sich jede Geschichtsepoche ihr eigenes Jesusbild zurechtmacht. Jesus läßt sich scheinbar durch divergierende menschliche Bedürfnisse und

Interessen „manipulieren“. Wer das nicht ernst nimmt, übersieht leicht, daß es mindestens vier Evangelien und damit vier voneinander verschiedene Varianten des neutestamentlichen Berichts über Jesu Lebensweg gibt, oder macht sich sogar darüber lustig. Oder man will Jesus monopolisieren oder klar festlegen, indem man ihn, wie es der französische Theologe Duquoc ausdrückt, zu einer „offiziellen Vulgata“ macht, also nur eine bestimmte und keine andere Interpretation Jesu gelten läßt (was dem Neuen Testament widerspricht).

Gerade die Entdeckungen der historischen Untersuchungen zur neutestamentlichen Literatur sind von grundlegender Bedeutung für jede Christologie. Spekulative Theorien über „Christologie von oben“ oder „Christologie von unten“ gehen an den eigentlichen Problemen vorbei, die hier zur Verhandlung stehen; es handelt sich oft um Spiegelfechtereien, bei denen alle möglichen gegenseitigen Mißverständnisse aneinandergereiht werden. Die historischen Untersuchungen haben gezeigt, daß es keine bruchlose Kontinuität zwischen dem Jesus der Geschichte und dem Christus des Glaubens gibt. Andererseits ist die Bekräftigung der Identität von „Jesus“ und „kerygmatischem Christus“ eine Grundaussage des gesamten Neuen Testaments. Identität und „Diversivität“ lassen erkennen, daß die biblische Erzählung Möglichkeiten und Perspektiven in sich birgt, die erst durch die Vermittlung heutiger Herausforderungen ans Licht kommen können. Die Vielzahl der Christusbilder ist wesentlich für die Gestalt Jesu von Nazaret, wie ihn die biblische Erzählung zeichnet. Jesus ist tatsächlich ein geschichtliches und damit kontingentes Wesen; sein geschichtlicher Lebensweg muß die biblischen Erwartungen und die sogenannten Hoheitstitel erklären und nicht umgekehrt. Genau das geschieht im Neuen Testament: Jesus illustriert oder verkörpert nicht nur das konkret, was in seiner Zeit und seiner jüdischen Tradition an religiösen Ideen und Auffassungen schon anzutreffen war. Dann gäbe es ja nichts Ursprüngliches an Jesus, dann würde er auf eine Interpretation festgelegt. Was „Messias", „Sohn Gottes", „Herr" meint, wird vom partikularen Geschehen mit Jesus von Nazaret her bestimmt; die genannten Titel sind keine Interpretationen Jesu, wie oft angenommen wird. Was „Sohn Gottes" in bezug auf Jesus bedeutet, wissen wir nicht im voraus. Auch daß der König Israels und Israel selber „Sohn Gottes" genannt wurden, kann uns nicht erschließen, in welchem Sinn Jesus „Sohn Gottes" genannt wird und werden muß. Der konkrete Lebensweg Jesu muß erklären, was dieser Begriff bzw. Hoheitstitel beinhaltet. Das gilt ebenso für die Aussage: Jesus ist unser Befreier. Weder alte noch neue Inhalte des Begriffs Befreiung können hilfreich sein, wenn nicht Jesu Lebensweg, so wie er in der Bibel erzählt wird, als Kriterium dient.

Wir können die Antwort auf diese Frage der Struktur des Neuen Testaments entnehmen. Es zeigt sich, daß die neutestamentlichen Autoren Jesus verschiedene Worte in den Mund legen, die er, historisch betrachtet, gar nicht gesprochen hat. Sie wenden Worte und Taten Jesu kreativ auf neue Situationen an, die Jesus in seiner palästinensischen Zeit weder kannte noch kennen konnte. Sie hatten die Berechtigung dazu, weil sie überzeugt waren, daß Jesus selber, der dem christlichen Glauben zufolge nach seinem Tod zu seinem Vater aufgenommen wurde und von dort seinen Geist sendet, heute zu den Gläubigen spricht, die in einer völlig anderen Situation leben als die ersten Jünger zur Zeit Jesu. Die Gläubigen gingen davon aus, daß das, was Jesus in ganz bestimmten, begrenzten Situationen sagte, auch heute noch, in anderen begrenzten Situationen, seine Bedeutung behält. Die in begrenzten Situationen jeweils mit bekräftigte „universale Bedeutung" der Botschaft Jesu ist von sich aus auf Aktualisierung unter veränderten Umständen angewiesen.

Die Glaubensgemeinschaft ist in ihren unterschiedlichen gläubigen Subjekten Trägerin dieser Aktualisierung; sie weiß, daß Jesus durch die Gabe des Geistes in seiner Kirche lebendig ist. Diese gläubige Aktualisierung oder sogar auch Korrektur löscht die geschichtliche Erinnerung an Jesu Taten und Worte keinesfalls aus. Die lebendige Kirchengemeinschaft der Gegenwart bezeugt die lebendige Aktualität des Evangeliums Jesu, das seinen konstitutiven Niederschlag in der Schrift gefunden hat, hier und jetzt. Die Schrift bleibt der unentbehrliche Bezugstext, aber die kirchlichen Gemeinschaften verwandeln den Text hier und jetzt in ein lebendiges Wort, indem sie die Dialektik zwischen der neutestamentlichen Erzählung über den Lebensweg Jesu, seinen Tod und seine Auferstehung und dem Leben seines Geistes in der Kirche von heute durchhalten. Deshalb können wir als Christen nichts Sinnvolles über Gott sagen ohne „Christologie" und nichts Sinnvolles über Christologie ohne „Pneumatologie". Gott, Jesus Christus und der Geist sind im christlichen Verständnis Gottes und des Heils von Gott her untrennbar miteinander verbunden. Es kann kein christliches Sprechen über Christologie noch über Pneumatologie ohne lebendige Kirchengemeinschaft geben, also ohne (wenigstens implizite) Ekklesiologie. So eng aber für Christen auch Gott und Christus, Geist und Kirche zusammengehören: Wir können diese Größen nicht ohne weiteres in eines fallen lassen.

Kirche als sichtbare Glaubensgemeinschaft entsteht als Schicksalsgemeinschaft von Menschen, die in der Tradition Israels und Jesu von Nazaret stehen und deshalb denselben Glauben bekennen, diese Schicksalsgemeinschaft auch feiernd begehen und schließlich in ihrem Handeln an der Praxis des Reiches Gottes Maß nehmen, eines Reiches der Gerechtigkeit und Liebe bei allen, die ihr Heil in Gott finden – eine Gemeinschaft von Menschen Gottes, um den Gott der Menschen versammelt, wie er in Jesus Christus offenbar wurde. Das Wesentliche der christlichen Offenbarung besteht in dem im konkreten Umgang mit Jesus begründeten Bekenntnis seiner Jünger, daß in diesem Menschen, in seinem Leben und seiner Botschaft, in seinem Handeln und in seiner Weise, zu sterben, in seiner ganzen Person als Mensch Gottes Absichten mit der Menschheit – und darin das „Wesen Gottes selber" – in unüberbietbarem Maß offenbart wurden und ins menschliche Bewußtsein getreten sind: nach dieser Glaubenserfahrung ist Jesus der Ort, an dem sich Gott selber auf definitive Weise als Heil von und für Menschen geoffenbart hat. Christen erfahren Jesus als die größte Offenbarungsdichte Gottes in einer ganzen Geschichte von Offenbarungserfahrungen. In dieser religiösen Offenbarungsgeschichte hat die menschliche Erfahrung eine eigenständige, unersetzliche Rolle; aber wie bei jeder anderen, auch einer profanen „Offenbarungserfahrung" ist Offenbarung dabei nicht Frucht der Erfahrung, sondern Erfahrung die Frucht der Offenbarung. Das Offenbarungsgeschehen sagt etwas über das Selbstverständnis bestimmter Menschen aus; gleichzeitig wollen diese Gläubigen aber mit dem Ausdrücken ihrer Erfahrung nicht nur etwas über sich sagen, über ihre lebenserneuernde Erfahrung und ihr neues Selbstverständnis, besonders darüber, wie sie Jesus sehen, sondern sie möchten in erster Linie etwas über Jesus selber sagen: daß er der unüberbietbare Ausdruck Gottes ist und daß sie gerade deshalb in ihm Heil erfahren haben und auch weiterhin erfahren. Ihrer eigenen inneren Ausrichtung entsprechend begründet die Glaubensaussage in keiner Weise die Offenbarung, sondern diese begründet und provoziert aus sich heraus die Glaubensantwort. Allerdings müssen dabei auch Gründe angegeben werden können, die einigermaßen deutlich machen, daß nicht der Mensch seinen Gott zur Sprache bringt, sondern daß und wie Gott sich in und durch menschliche Erfahrungen selber als derjenige zu erkennen gibt, der jede noch so präzis beschriebene Erfahrung übersteigt.

Diese knappen Ausführungen machen deutlich, daß die Schrift selber den Beweis dafür liefert, daß uns die christliche Offenbarung nicht ohne kirchliche Vermittlung erreicht. Die aktive Präsenz der Kirche bei dem, was in der Welt geschieht (der „Situation", wobei es sich um andere Dinge und Ereignisse handelt als zur Zeit Jesu, sogar um unvergleichbar andere Situationen) –, ist deshalb die notwendige Vermittlung für Aktualität und Fruchtbarkeit des Evangeliums von Christus hier und jetzt.

Die Feststellung, daß kirchliche Vermittlung bei der Aktualisierung des christlichen Glaubens unerläßlich ist, ist keinesfalls ein Plädoyer für Ekklesiozentrismus oder für eine exklusive Herausstellung des Lehramtes in der Kirche. Die ganze lebendige Kirchengemeinschaft ist in ihrem Beten, Bekennen und Handeln Subjekt dieser Vermittlung. Im übrigen besteht ein beträchtlicher Unterschied zwischen der einmaligen Situation der christlichen Urgemeinschaften und der Situation der nachneutestamentlichen Kirche, sowohl was die Leiter wie was die Gemeinschaft als Ganzes betrifft. Die Kirche ist heute wie damals „sequela Jesu", also Gemeinschaft von Gläubigen, die Jesus nachfolgen, und darin ist sie, in den Spuren Jesu, ein sichtbares und greifbares soziohistorisches Zeichen der Befreiung. Aber sie bringt keine neuen Evangelien mehr hervor. Das evangelische, apostolische Zeugnis der Schrift besitzt eine Einmaligkeit, die dem schöpferischen Zeugnis heutiger Kirchengemeinschaften in heutigen Situationen keinesfalls zukommt. Zwischen der kirchlichen Vermittlung damals und heute besteht ein gewaltiger Unterschied: Das darf vor allem eine katholische Ekklesiologie, die oft fast ausschließlich auf die Autorität des Papstes und der Bischöfe gegründet wurde, nie vergessen. Das Verhältnis der „Urkirche" zur Schrift sah sehr viel anders aus als das Verhältnis heutiger Kirchen zur gleichen Schrift. Die Schrift bleibt der konstitutive Lebensraum aller Kirchen, sie bleibt im irdischen Bezirk der Welt und unserer menschlichen Geschichte, in der auch die Kirchen leben. Die Berufung auf den

Geist ist gleichzeitig Berufung auf die Vermittlung durch die ganze gläubige Kirchengemeinschaft; keinesfalls nur auf die Autorität oder auf ein innerliches individuelles Geistcharisma. Und die in der Kirchengemeinschaft wirksame Berufung auf den Geist ist gleichzeitig Berufung auf die Schrift. Hier geht es um eine unvermeidliche Dialektik.

Kirche als Ökumene

Kirchen sind also nicht das Geheimnis von Gottes Anwesenheit in der Welt, denn diese heilbringende Gegenwart liegt allen Kirchen voraus. In der Sprache der Heilswirklichkeit kommt die Kirche an zweiter Stelle zu stehen: Sie ist das Geheimnis des Sichtbarwerdens einer Botschaft von Gottes wirksamer Anwesenheit in der Welt der Menschen. Kirche ist Zeichen von Gottes befreiender Anwesenheit unter den Völkern. Man hat in jüngster Zeit zumindest in bestimmten Kreisen der katholischen Kirche, mit der unverzichtbaren Einsicht, daß Kirche ein „Mysterium" ist, viel Mißbrauch getrieben. Kirchliche Gemeinschaft als Mysterium ist aber nicht jenseits oder neben der konkreten sichtbaren Wirklichkeit angesiedelt. Man kann die Kirche idealistisch definieren, muß dabei aber ihren Bezug zur Geschichte ausblenden, der die Kirchen zu kontingenten Wirklichkeiten in unserer Geschichte macht. Wir dürfen die bestehenden Kirchen nicht mit dem Reich Gottes in eins setzen. Der Blick in die reale Geschichte zeigt, daß keine einzige Kirche eins, heilig, universal und als einzige apostolisch ist. Die sogenannten vier „notae" der Kirche, von denen das Konzil von Konstantinopel (381) spricht, wollen also nicht eine Wirklichkeit beschreiben, sondern sind für alle Kirchen eine eschatologische Aufforderung zur Besinnung. Sobald jede Kirche ihre eigenen Begrenztheiten eingesteht und sich der Communio mit anderen Kirchen öffnet, wird der Pluralismus der christlichen Kirchen zum Positivum und bedeutet nicht länger eine zerrissene Christenheit. Pluralität wird dann zur empirischen Bedingung der „Communio" aller christlichen Kirchen untereinander. So war es auch in der alten Kirche: „Wie dies auf den Bergen zerstreut war und zusammengebracht ein Brot geworden ist, so soll deine Kirche zusammengebracht werden von den Enden der Erde in Dein Reich! Denn dein ist die Herrlichkeit und die Kraft in Ewigkeit. Amen" (Didache IX; zweites Jahrhundert).

Eine Schlußbemerkung: Auch die Ökumene steckt gegenwärtig in einer christologischen Krise. Was ich über die Spannungseinheit zwischen Jesus von Nazaret und Christus ausführte, läßt sich nur mit großer Reserve auf ein anderes Verhältnis anwenden, nämlich das des neutestamentlichen, also kirchlichen Christus zur Christusgestalt der großen Konzilien des vierten und fünften Jahrhunderts. Die Dinge verhalten sich hier anders, weil sich der Gottesbegriff jener Konzilien von dem des Alten und Neuen Testaments unterscheidet: Sie teilen das griechische Verständnis von einem Gott, der in keiner unmittelbaren Beziehung zu unserer irdischen Zeit und unserem irdischen Raum steht. Auf den Konzilien ist auch ein ganz anderes Menschenbild im Spiel als in der Bibel. Innerhalb dieses (von der Bibel aus kritikbedürftigen)

Menschen- und Gottesverständnisses waren diese Konzilien, gerade wenn sie in einem hellenistischen Milieu dem neutestamentlichen Christus treu bleiben wollten, dazu verpflichtet, so zu sprechen, wie sie gesprochen haben. Hier kamen wirkliche Christen zu Wort, die gleichzeitig aber auch denkende Griechen waren. Durch das, was sie taten, haben sie für uns das neutestamentliche Bekenntnis gesichert und gerettet. Aber das impliziert nicht, daß wir die philosophischen und anthropologischen Voraussetzungen jener griechischen Konzilien (z.B. eine bestimmte Inkarnationsvorstellung) als Bedingung für einen lebendigen und unverkürzten Glauben an den als Christus bekannten Jesus akzeptieren müssen. Die Konzilien von Nikaia bis Chalkedon lassen kaum etwas von dem verwundbaren Menschen Jesus sehen, der auch am Kreuz leidet. Auf jenen Konzilien verblaßt der partikulare Mensch, der Jude Jesus von Nazaret; er macht der „einen menschlichen Natur" Platz, die ahistorisch ist. Außerdem wurde das, was diese Konzilien retten wollten, in Katechese, Predigt und Theologie wesentlich verstärkt und oft verzeichnet: Dazu kommt, daß diese Konzilien in der kirchlichen Tradition nicht selten als eine vom Neuen Testament beinahe unabhängige, in sich stehende Quelle des Glaubensverständnisses gesehen wurden; man sah in ihnen sogar wichtigere Quellen als die Schrift. Die Krise vieler heutiger Christologien besteht meines Erachtens darin, daß das Chalkedon-Modell modernen Menschen menschlich nichts mehr sagt, andererseits aber noch keine neuen theologischen Modelle verfügbar sind, mit deren Hilfe die tiefste Bedeutung von Chalkedon heute verstehbar gemacht werden könnte. Daher rührt das ganze Suchen und Tasten in der heutigen Christologie. Lassen wir den suchenden Christen die Zeit, um mit Jesus ins reine zu kommen, der als „Christus, Gottes eingeborener Sohn, unser Herr“ bekannt wird.

VIERTES KAPITEL

Jesus als menschliche Frage nach Gott: Mystik, Ethik und Politik

Die sichtbare Kirchengemeinschaft Jesu Christi entstand als Schicksalsgemeinschaft von Menschen, die in der Tradition der Weltreligionen, Israels und Jesu von Nazaret stehen und deshalb denselben Glauben bekennen, diese Schicksalsgemeinschaft auch feiernd begehen, sie bezeugen und schließlich ihr alltägliches Handeln an der Praxis des Reiches Gottes orientieren: eines Reiches der Gerechtigkeit und Liebe für alle Menschen, die ihr Heil in Gott finden; einer Gemeinschaft von „Menschen Gottes", die sich um den „Gott der Menschen" scharen, wie er sich in Jesus Christus offenbart.

Im folgenden möchte ich etwas über die Ethik als Scharnier und Bindeglied zwischen der mystischen und politischen Dimension des christlichen Glaubens sagen; zum Schluß werde ich die Frage nach dem aus dem Evangelium entspringenden Recht der Kirchen ansprechen, in Unrechtssituationen auch offiziell und amtlich Stellung zu beziehen.

§ 1 Jesus und die Ethik der Welt der Menschen

Erfahrungen, der Kritik von Leidensgeschichten ausgesetzt

Auch wenn es in jedem Menschenleben viele Sinnerfahrungen gibt, kommt vor allem Erfahrungen von Unsinn, Unrecht und unschuldigem Leid Offenbarungsbedeutung zu. Es ist eine Tatsache, daß sich alltägliche wie auch wissenschaftlich-experimentelle Erfahrungen in vieler Hinsicht „Widerfahrnissen" verdanken: Erfahrungen des Widerstrebens und des Widerstands der Wirklichkeit, in der wir leben. Menschen leben von Mutmaßungen und Irrtümern, von Projekten und Konstrukten und deshalb nach dem Gesetz von „trial und error"; ihre Projekte können jederzeit durch die Widerständigkeit einer Wirklichkeit aus der Bahn geworfen werden, die sich nicht immer rationaler Voraussicht des Menschen fügt. Wo die Wirklichkeit menschlichen Entwürfen Widerstand entgegensetzt und sie unbemerkt lenkt und ausrichtet, kommen wir mit einer von uns unabhängigen Wirklichkeit in Berührung. Durch Verfremdung und Desintegration des schon Erworbenen wie unserer Zukunftsprojekte kommen wir der Wahrheit näher. Nicht das Selbstverständliche, sondern das „Ärgernis" der widerständigen Wirklichkeit wird also zum Interpretationsprinzip für die Wirklichkeit. Die Autorität von Erfahrungen kulminiert deshalb in menschlichen Leidensgeschichten: in Erzählungen über Leid, das aus Mißgeschicken und Fehltritten stammt, aus Schmerz, aus Bösem und Unrecht, aus und in der Liebe wie aus Schuld. Hier stoßen wir auf die wichtigsten Momente von Wirklichkeitsoffenbarung in und durch endliche menschliche Erfahrungen. Denn Erfahrungen, die sich gegenüber dem erfahrenden Subjekt geltend machen, unter Umständen sogar gegen seine ganze Umgebung und sein gesellschaftliches Umfeld, bringen uns Menschen erst wirklich vorwärts. Die tiefsten, das Leben ausrichtenden und tragenden Erfahrungen sind Bekehrungserfahrungen, kreuzigende Erfahrungen, die zur „metanoia" zwingen, zur Veränderung von Sinn, Handeln und Sein. Solche Erfahrungen brechen eine vorgegebene Identität auf, aber mit dem Ziel einer neuen Integration, hin zu einer besseren Identität.

Erfahrungen ereignen sich in einem Erfahrungshorizont, in einem sie erhellenden Licht. Das Licht der christlichen Erfahrungstradition zielt nicht nur inhaltlich auf menschliche Befreiung und damit auf Emanzipation; es will auch keine halbierte Emanzipation, die das schon erlittene Leid in der Geschichte der Menschen oder das Leid der anderen oder der Toten übergeht. Gibt es auch Zukunft für die Toten? Darauf hat bloße Emanzipation keine Antwort.

Frühere, aber auch heutige Formen der Ethik gingen oder gehen vom Naturgesetz oder von den Schöpfungsordnungen aus. Sie behaupten, daß „die Ordnung" vorgegeben sei, daß sich aus ihr das Gebot ergebe, daß man die Ordnung nicht verletzen dürfe. Dieser Vorstellung liegt ein gewisser Optimismus hinsichtlich der Deutungskraft der „universalen" menschlichen Vernunft zugrunde. Man vergißt dabei oft, daß die (von der Aufklärung herausgestellte) abstrakt-universale Vernunft in der Geschichte selber in persönliche und gesellschaftliche Sündhaftigkeit und gierige Herrschsucht verstrickt ist. Die Erfahrung lehrt, daß auch die sittliche Vernunft auf Befreiung angewiesen ist. Bei genauerem Hinsehen zeigt sich, daß weniger die „Ordnung", die nicht verletzt werden darf, konkreter Ausgangspunkt des Ethos ist als vielmehr unsere Entrüstung über den historisch-konkret allüberall gequälten Menschen: über die Unordnung im eigenen Herzen wie in der Gesellschaft und ihren Institutionen. Die faktische Bedrohung und Verletzung des angestrebten, aber nie positiv zu definierenden „Humanum" führt zur Empörung und ist deshalb konkrete ethische Aufforderung und ethischer Imperativ, eingebettet in sehr bestimmbare, negative Kontrasterfahrungen menschlichen Unheils und Unglücks, hier und jetzt.

Was ethisch gut ist, zeigt sich dieser Konzeption zufolge erst in einer Praxis von Befrciung und Versöhnung. Diese protestierenden Kontrasterfahrungen machen Gläubige und Ungläubige gleichermaßen. In einer autonomen Ethik, einer Ethik ohne Gottesglauben, steckt unverkennbar so etwas wie eine verzweifelte Utopie, die sich zumindest nicht an dem Unrecht und der Unfreiheit in unserer Welt mitschuldig machen möchte. Allerdings läßt sich keine einzige religiöse Tradition auf ihre Ethik reduzieren. Für das Christentum gilt sogar (im Unterschied etwa zum Islam), daß die besondere Eigenart seiner Ethik darin besteht, daß es keine eigene christliche Ethik gibt und sie damit auf das von allen Menschen erstrebte Humanum offen ist, hier und jetzt und immer wieder neu. Diese Autonomie verteidigt schon Thomas von Aquin (Summa Theologiae I–II 9. 107, a. 4). Wir brauchen Gott nicht als unmittelbare Begründung für unser ethisches Handeln. In einer autonomen Begründung der Ethik geht es um die Menschenwürde jedes Menschen – etsi Deus non daretur. Dabei kommt in erster Linie der Menschheit als Ganzes die verantwortliche, eigenständige Mitsprache zu. Dennoch werden wir damit Gott im ethischen Leben nicht los!

Ethik und Gottesglaube

Religion läßt sich zwar nicht auf Ethik reduzieren; es gibt aber doch eine innere Verbindung zwischen Glaube und Ethik. Der Christ sieht die autonome Moral der Humanität konkret im Kontext einer dem Reich Gottes entsprechenden Praxis, auf das er seine Hoffnung setzt. Die Spiritualität der christlichen Ethik, die als solche einer auf den Menschen und seine Würde ausgerichteten „autonomen Moral" eigentlich nichts „hinzufügt", beruht auf dem „theologalen" Leben: auf dem Einvernehmen mit Gott, auf dem Leben in Glaube, Hoffnung und Liebe, die in der Liturgie gefeiert, in der Kontemplation gläubig-kritisch meditiert und im alltäglichen Leben von Christen praktiziert werden. Eine Ethik, die trotz ihrer relativen Autonomie im Glauben an Gott verankert ist, wird von der realistischen Hoffnung auf einen Gott getragen, der in unserer Geschichte zur Befreiung des Menschen in seiner Gesellschaft handelt. Dieses unmittelbar auf der Menschenwürde begründete, autonome, dennoch aber in Gott verankerte Ethos hat seinen Grund in der Annahme des Menschen durch Gott („Rechtfertigung") und damit in der allgemeinen Befreiung der Menschen durch Gott. Das alte Prinzip „gemäß der Vernunft handeln" wird dadurch nicht außer Kraft gesetzt; es behält seine Bedeutung und Geltung, wird aber in einen anderen Kontext gestellt: Zwischen dem Impuls des Gottesglaubens (Befreiungsglaube, der sich im Achten auf den Mitmenschen und in der Solidarität mit jedem Mitmenschen äußert) und dem ethischen Handeln liegen die Vermittlung und das Kriterium der „sittlichen Vernunft", die unser Handeln aus dem Glauben auch vor religiösem Fanatismus bewahrt. In christlich-kritischer Perspektive ist aber nicht die (unbefreite) universale „sittliche Vernunft" (die sich oft zum Nachteil für die „Kleinen" auswirkt) Ausgangspunkt für das Ethos, sondern der Glaube an Gott, der zum geschichtlichen Unternehmen einer menschlichen Befreiungspraxis führt und aufruft. Die praktische sittliche Vernunft mit ihrer Forderung nach Rationalität ist dann der stimulierenden Kritik der menschlichen Geschichte von unschuldigem Leiden und Unrecht ausgesetzt, der Kritik von Leidensgeschichten, die rational nicht unterzubringen sind. Gerade das christliche Evangelium lebt ja von der kritischen Erinnerung an die menschliche Leidensgeschichte; es erinnert an Botschaft und Lebenspraxis Jesu, der sich der Armen und Unterdrückten annahm und deshalb selber Leiden und Märtyrertod auf sich nehmen mußte. In ihren mikro- und makroethischen Dimensionen ist die ethische Praxis für Gläubige (auch wenn sie das gleiche tun wie Ungläubige) identifizierbarer Heilsgehalt, die historisch konsequente Verdeutlichung und das Transparentwerden des nahekommenden Gottesreichs in Fragmenten unserer menschlichen Geschichte. Das

Religiöse oder der Glaube sind nicht das Ethische. Der Glaube manifestiert sich aber nicht nur in Gebet, Liturgie und Ritual, sondern auch im menschlichen Ethos, als menschenbefreiende und glücklichmachende Seite des theologalen, d.h. auf die Wirklichkeit Gottes bezogenen Lebens und gleichzeitig als sichtbarer Prüfstein für die Wahrhaftigkeit von Glauben, Gebet und Feier, die, vom Ethischen abgelöst, ein Eigenleben in einer Haltung der Unverbindlichkeit führen können, ohne persönliche und politisch-ethische Implikationen. Entscheidend ist die Praxis des Reiches Gottes in Solidarität mit allen Menschen und gerade deshalb auch in einer parteilichen Option für Arme und Unterdrückte, gegen die Unterdrükkung durch Mächtige und gegen Strukturen, die Menschen verletzen. Bei der Frage nach der historischen Identität der christlichen Erfahrungstradition und nach ihren Überlieferungschancen geht es nicht um das, was Christen mehr sagen und tun können als was vernünftig denkende und handelnde Menschen, die sich um die bedrohte Menschlichkeit sorgen, schon sagen oder tun. Es geht vielmehr um die ganze Breite, Tiefe und Höhe des kritischen und befreienden Handlungspotentials der christlichen Hoffnung.

Ethos ist eine Form der Selbstverpflichtung: Menschen unterstellen sich autonom einer Norm. Darin liegt ein Fortschritt menschlichen Selbstverständnisses, der vor allem seit Kant und durch ihn erreicht wurde. Aber ohne die Spiritualität des gottesgläubigen oder theologalen Lebens steht die rein menschliche Ethik oft in der Gefahr, den Menschen zu überfordern. Ethik ohne theologale Spiritualität wird nicht selten „gnadenlos" im doppelten Sinn des Wortes. Es gibt dann ein Ethos ohne das glücklich machende Moment der Liebe, wobei Gottesliebe und Nächstenliebe ein und dieselbe untrennbare Grundhaltung oder Tugend sind. Die Liebe zum Nächsten ist, christlich gesehen, als solche schon „göttliche Tugend", Widerspiegelung der Menschenfreundlichkeit Gottes im konkreten Handeln von Menschen. Ohne Spiritualität oder gläubige Ausrichtung auf Gott ist die Ethik oft gnadenlos, auf Rache oder Vergeltung erpicht – während Christen doch von Barmherzigkeit und Versöhnung sprechen. Obwohl Ethos auch schon vor jedem religiösen Glaubensbekenntnis möglich ist, setzt die ethische Kompetenz doch die Gnade Gottes und damit das theologale Leben als Antwort auf diese Gnade voraus. Es geht ja um menschliche Freiheit, die ethisch zur Wirkung kommt, nicht um eine bürgerliche Freiheit, also meine Freiheit, wenn nötig auf Kosten der Freiheit des anderen! Die christliche, dem Evangelium gemäße Freiheit ist solidarische Freiheit, Freiheit, die nicht zur Bedrohung der Freiheit des anderen wird, wie es oft ebenso bei den „liberalen bürgerlichen Freiheiten" wie bei den „kommunistischen Freiheiten" oft der Fall war und noch ist. Evangeliumsgemäße Freiheit kann nur befreite, von Egoismus und Macht erlöste Freiheit sein, eine Freiheit, die auf dem Angenommensein aller durch Gott beruht, das allem menschlichen Handeln vorausliegt. Unser Gott ist ein Gott, der den Menschen annimmt, ohne sich am Maß von dessen ethischer Leistungsfähigkeit zu orientieren und ihm die Gebrechlichkeit seiner konkreten Menschlichkeit zum Vorwurf zu machen. Deshalb ist er ein Gott der Befreiung, Vergebung und Versöhnung, ohne die jede individuelle wie soziopolitische Ethik tödlich gnadenlos, oft sogar fanatisch und menschenverletzend werden kann. Die Ethik braucht einen Gott, der mehr ist als Ethik. Je mehr wir diesen Gott „jenseits der Ethik", die allerletzte Quelle jeder Ethik, verschweigen oder sogar totschweigen, desto stärker liefern wir Menschen uns Abgöttern oder selbstfabrizierten Göttern aus, einem Glauben, der nicht zum Leben, sondern zu Folter und Tod vieler Menschen führt. Gerade weil Gott in Konkurrenz zu unseren Abgöttern steht und deshalb ein „eifersüchtiger Gott" ist, erweist er sich als ein „Gott der Menschen": als unser Gott, dessen Ehre nie in Konflikt mit unserer Menschenwürde gerät, sondern diese vielmehr ehrt und fördert.

Manchmal wird gefragt, ob wir Gott überhaupt für die Ethik und damit für die menschliche Aufgabe des Friedens, der Humanisierung und Befreiung brauchen. Tun, so lautet das Argument, beispielsweise Agnostiker, „Ungläubige", nicht dasselbe, handeln sie nicht sogar besser?

Das ist eine ernst zu nehmende Frage. Aber man kann die Gegenfrage stellen: Welchen Gott braucht man? Und was bedeutet überhaupt „brauchen"? Man braucht doch keinen Gott als Lückenbüßer! Man braucht doch keinen Gott, der als tyrannischer Potentat willkürlich den Menschen seinen Willen und sein Gesetz auferlegt, als ob (auch für Gott) nicht das „Menschenwürdige", sondern „Gott" unmittelbares Fundament des ethischen Anspruchs wäre. Wir brauchen doch keinen Gott, auf den Menschen zurückgreifen, wenn sie mit ihrer ethischen Argumentation nicht mehr weiterkommen und sich zur Deckung dieser Lücke dann auf den „Willen Gottes" berufen. So läßt sich Gott nicht mißbrauchen! Gläubige vieler Religionen haben in ihrer Ethik und vor allem in ihrem Ethos den Namen und Willen Gottes zu häufig mißbraucht und dabei den Menschen, seine Menschenwürde und sein Glück zurückgesetzt, Männer und Frauen unterdrückt und entehrt und Männern und vor allem Frauen Lasten auferlegt, die nichts mit dem Willen Gottes zu tun haben. In einem solchen Fall ist es heute besser, „Gott" nicht für wahr zu halten, als sich an einem Menschen versklavenden, unmenschlichen Gott zu orientieren und sich dafür auf „Radikalismus" zu berufen. Damit wird nicht dem Fortschrittsglauben des neunzehnten Jahrhunderts oder einer Anpassung an die permissive Gesellschaft das Wort geredet. Vielmehr steht das Wesen des christlichen Gottes auf dem Spiel: seine Ehre und unsere Ehre, „Mensch sein zu können", aufgrund von Gottes guter Schöpfung. Ältere Religionen, in deren Bekenntnis ein „unmenschlicher Gott" einen Platz hatte (der beispielsweise Menschenopfer forderte), sind alle schnell ausgestorben; sie können sich nicht gegen den menschlichen (und Gott sei Dank auch religiösen) Stolz behaupten, trotz alles menschlichen Elends, „Mensch sein zu können". Aber auch Religionen, die keinen unmenschlichen, sondern einen auf Menschlichkeit bedachten Gott bekennen, können durch die konkrete Gestalt ihrer Verkündigung unglaubwürdig werden. Sie drängen dadurch viele ihrer Gläubigen an den Rand. Diese Gläubigen sagen oft mit aufrichtigem Bedauern ihrer Kirche Lebewohl, aber nicht ihrer religiösen Erfahrungstradition. Wahres Glück kennt auch das Kreuz und kann Schmähungen ertragen. Damit wird „das Kreuz" weder gehegt und gepflegt noch, von Gott aus gesehen, als prinzipiell auferlegtes Erlösungsgeschehen verstanden. Nicht Gott, sondern Menschen haben Jesus ans Kreuz gebracht – allerdings ließ sich Gott dadurch nicht schachmatt setzen. Wir brauchen ganz sicher keinen göttlichen Opa, der „gutmütig" unser Versagen und unsere Feigheit entschuldigt und bagatellisiert. Wir brauchen Pathos für das Menschliche und dabei einen Gott, der reine, unverdiente, geschenkte Gnade ist. Ohne Gegenleistung!

Für die christliche Erfahrungstradition gilt, daß nur ein „Gott des Lebens", nicht ein Gott von Leben und Tod, sondern ein lebendiger Gott – ein Gott der Lebenden und der Toten, die in ihm ihre Zukunft haben – von Menschen angebetet, verehrt und gefeiert werden kann. Kein Gott, der Menschen kleinmacht und verletzt oder kleinhält und ihnen ihre Freude verbietet. Nur ein solcher Gott hat die prophetische, mensch- und gesellschaftskritische befreiende Kraft, die sich aufgrund der Gott verherrlichenden Spiritualität des theologalen Lebens der Gläubigen im evangeliumsgemäßen Leben ihres persönlich und ebenso politisch befreienden, mystisch begründeten Ethos offenbart.

Mystisch-theologale Dimension des ethischen Handelns von Christen

Zumindest in der Moderne wird die allgemeinmenschliche Erfahrung des ethischen Anspruchs nicht als abstraktes Prinzip, sondern als die Wirklichkeit der Not des anderen, die mich anfordert und meine Freiheit in Beschlag nimmt, zum vorrangigen

Ort einer sinnvollen Gotteserfahrung. Besonders E. Levinas (Totalité et Infini, Den Haag 1961) hat dieses Phänomen analysiert. Die Erscheinung oder Epiphanie des „anderen" zerbricht den Anspruch meiner Totalität und Ichbezogenheit. Der andere ist wirklich ein anderer, er ist transzendent. „Dem anderen empfangend gegenüberzutreten stellt meine Freiheit in Frage" (ebd. 58). Von daher hat der ethische Anspruch Vorrang vor dem religiösen Appell. Eine Religion, die Menschen unterdrückt oder vernichtet, ist per definitionem falsche Religion oder zumindest eine Religion, die sich selber falsch interpretiert und den Kontakt mit ihren ursprünglichen Wurzeln eingebüßt hat. Am Anfang steht das Antlitz des anderen als ethische Herausforderung an meine freie Subjektivität. In unseren Erfahrungen steckt eine Dimension, die alle totalitären Ansprüche der empirischen Wissenschaft zerbricht: die ethische Erfahrung des unreduzierbaren Anspruchs, den die andere Person an mich stellt. Dem anderen ethisch zu begegnen meint nicht, ihm als einem „alter ego" zu begegnen, im Sinne der Kantischen Forderung: „anderen das nicht anzutun, von dem man nicht möchte, daß es einem selber angetan wird" (die Logik des Fair play der bürgerlichen Aufklärung); es bedeutet auch nicht, ihm als einem Element einer Totalität zu begegnen (Bürger eines Staates, Glied einer Gesellschaft, Angehöriger der Menschheit). Sondern es meint: ihm als dem ursprünglichen einzigartigen „anderen" zu begegnen, zu dem ich in einer asymmetrischen Beziehung stehe (ebd. 51 u. 201). Das heißt: Ich kann der anderen Person als jemandem begegnen, dessen Dasein Forderungen an mich stellen kann, Forderungen, die nicht aus dem ableitbar sind, was ich moralisch von ihm fordern kann. Ich kann diesen absoluten Anspruch der Person des anderen in seiner transzendenten Andersheit in einem weiteren Schritt zweifellos zu einem allgemeinen ethischen Prinzip verallgemeinern, wie es Kant getan hat. Aber der Grundsatz, wonach der unschuldige andere nicht verletzt werden darf, beruht auf dem unableitbaren konkreten Phänomen der persönlichen Andersheit, und ich kann diesen Grundsatz nur deshalb zu meinem eigenen Nutzen anwenden, weil ich ebenfalls für andere der einzigartige andere sein kann. Levinas arbeitet sehr scharf die Einsicht heraus, daß die Forderung der anderen Person an mich keine Folge meiner Forderung an ihn ist. Das ethische Personsein des anderen steht in einer Art nicht-umkehrbarer Beziehung zu mir, anders als sich mein Personsein zum anderen verhält.

Es verbirgt sich etwas Besonderes in der Beziehung meiner Freiheit zu der des anderen. Diese Beziehung ist, ethisch gesehen, asymmetrisch. Der andere ist nicht deswegen transzendent, weil er ebenso wie ich frei ist. Seiner Freiheit kommt vielmehr eine Superiorität zu, die aus seiner Transzendenz entspringt (ebd. 53). Levinas reagiert damit auf die Ichbezogenheit des Sartreschen „pour soi". „Der andere setzt sich als ein Anspruch, der meine Freiheit beherrscht, und ist deshalb ursprünglicher als alles, was sich in mir ereignet." „Der andere, dessen außerordentliche Präsenz sich in der ethischen Unmöglichkeit kristallisiert, ihn umzubringen. Daß ich keinerlei Macht mehr über ihn habe, verweist darauf, daß er jede Vorstellung, die ich mir von ihm machen könnte, ganz und gar übersteigt" (ebd. 201). Das ist das Gegenteil zur modernen bürgerlichen Freiheit seit dem cartesianischen Ego mit seinem Cogito, das sich selber souverän als vom anderen unabhängig setzt.

Die Priorität des Ethischen beinhaltet, daß ich unabhängig von sozialen Beziehungen nichts über Gott wissen kann. Der andere ist für Levinas keine Vermittlung, keine Inkarnation Gottes, sondern er ist durch die eigenen Züge seines Antlitzes die Erscheinung des Ortes, an dem sich Gott offenbart (ebd. 59). Und Levinas zieht daraus den Schluß, daß es sich bei allem, was sich nicht auf eine zwischenmenschliche Beziehung zurückführen läßt, um eine primitive Form der Religiosität handelt: „le face a face demeure situation ultime" (ebd. 59).

Dennoch führt die Konzeption von Levinas, christlich gesehen, in eine Sackgasse bzw. in eine Aporie. Der andere ist ja nicht nur Ursprung des ethischen Anspruchs an mich; oft ist er auch mögliche Gewalt und mögliches Unrecht, genauso wie ich das für ihn bin. Ich kann den Sinn des ethischen Anspruchs nur retten, wenn ich akzeptiere, daß es auch dann notwendig, sogar ethisch verpflichtend ist, der ethischen Forderung nach Rechtschaffenheit und Anerkennung des anderen zu gehorchen, wenn der andere in Wirklichkeit Quelle von Unrecht und Gewalt ist. Hier wird zu Recht eine Einsicht Kants aufgenommen: Wenn nur der Mensch, und sei es auch der andere, Quelle von Würde und Sinn ist (wie Levinas sagt), dann gibt es keinerlei Garantie dafür, daß das Böse nicht das letzte Wort über unser Dasein als ethisch verantwortliche Wesen haben wird. Wer den Menschen als einzige und letzte Quelle der Ethik annimmt, gerät in eine Aporie. Das gilt vor allem für die

Konzeption der asymmetrischen ethischen Beziehung zwischen dem anderen und meiner Freiheit; der andere ist ja immer auch die stets bedrohliche mögliche Quelle von Unrecht.

Ein ziemlich dramatisches Beispiel kann deutlich machen, worauf ich hinaus möchte. Nehmen wir an, ein junger Soldat in einer Diktatur erhält unter Drohung der Todesstrafe den Befehl, eine unschuldige Geisel zu erschießen, nur weil es ein Jude, ein Kommunist oder ein Christ ist. Er weigert sich unter Berufung auf sein Gewissen, den Befehl auszuführen. Zwar ist er sicher, daß er dann mit der Geisel (die von jemand anders erschossen wird) zusammen die Kugel bekommt. Aber in seiner Weigerung erkennt der Soldat im erniedrigenden Entsetzen der Geisel einen unausgesprochenen, vielleicht sogar unaussprechbaren moralischen Anruf, den er als Forderung erfährt. Der andere nimmt seine Freiheit in Beschlag: Er gerät in die ethische Unmöglichkeit, den anderen zu töten, und weigert sich deshalb, den Befehl zu befolgen.

In dieser Gewissenstat, die einerseits auf das „Ende der Mächte" verweist (durch die entwaffnende Tat des Soldaten), steckt andererseits ein Paradox, das fast an den Rand der Absurdität führt. Denn das moralische Handeln des Soldaten ist sowohl ineffektiv in bezug auf das Leben der Geisel (die ja von einem anderen erschossen wird) als auch direkt destruktiv in bezug auf sein eigenes Leben mit all seinen nicht verwirklichten Möglichkeiten (auch er wird füsiliert). Der Soldat scheint zwar ethisch herausgefordert zu werden, aber zu einem gänzlich absurden Verhalten. Gerade deswegen nehmen andere Menschen in solchen Situationen ihre Zuflucht zu einer utilitaristischen und pragmatischen Lösung oder begehen Selbstmord.

Der ethische Anspruch des anderen mir gegenüber führt also einerseits in eine Aporie: Es gibt keine Garantie dafür, daß das Böse – Gewalt und Unrecht, Folter und Tod – nicht das letzte Wort über unsere endlichen Welterfahrungen haben wird. Andererseits führt er in eine gewisse Absurdität: Zu einer offensichtlich nutzlosen Tat, die niemandem zu helfen scheint. Es gibt hier zwei ethisch verantwortbare Lösungswege. Auf der einen Seite kann man sich auf die „heroische Tat" berufen; so würden Sartre und Camus diesen Fall beurteilen: als heroisch-selbstlose Tat um des Humanum willen. Andererseits kann man in die Richtung einer religiösen Antwort gehen, ebenfalls um der Humanität willen. Beide Lösungen evozieren ein Bild der Wirklichkeit, in dem Menschen aufgrund ihrer Treue zum „Humanum", zum konkreten Menschen in seiner Unantastbarkeit, Opfer der empirischen Tatsächlichkeit werden, dadurch gleichzeitig aber diese empirische Tatsächlichkeit „beschämen". In der positiven Antwort eines Menschen auf die ethische Herausforderung durch einen anderen trägt gegen allen Anschein die ungeschuldete Tat den Sieg über den endgültigen Triumph der Faktizität davon. In beiden Fällen stoßen wir auf die Hoffnung, letztlich möge das Gute siegen; auf den Glauben an den Menschen trotz allem.

Dann stellt sich aber die Frage, worauf diese Hoffnung gegründet ist. Welches sind die theoretischen Wahrheitsbedingungen dieser Hoffnung? In der religiösen Antwort ist Gott selber der Grund der Hoffnung und ist diese begründet. Wie sieht aber der

Grund des nicht-religiösen, humanistischen Glaubens an den endgültigen Sieg des Guten über den scheinbaren Triumph des faktischen Bösen aus? Handelt es sich nur um eine postulatorische Hoffnung, also eine von unserem freien Willen positivistisch gesetzte Hoffnung gegen alle Hoffnung? Das kann sehr mutig und tapfer sein, darin kann sich aber auch „Wunschdenken" verbergen! Der Glaube an die Menschheit trotz alles Bösen kann kein positivistischer Willensakt sein, weil der Mensch dann ja versuchen würde, sich an den eigenen Haaren aus dem Sumpf zu ziehen. Einer totalen emanzipatorischen Selbstbefreiung steht entgegen, daß der Mensch für den Mitmenschen nicht nur Gnade ist, sondern auch Gewalt und Vernichtung, immer wieder und mit immer raffinierteren Methoden.

Die Aussage, daß das Martyrium nicht nutzlos ist und daß künftige Generationen, die davon hören, die Früchte des vergangenen Leidens ernten werden, kann für viele oder zumindest für manche Menschen wahr sein. Aber der Fall des Soldaten kann sich in Zukunft immer neu wiederholen. Und er wiederholt sich. Man kann die Weigerung des Soldaten durchaus in einem profanen Sinn als prophetische Tat aus der Hoffnung auf einen endgültigen Triumph der Menschlichkeit interpretieren; man muß sich dabei allerdings bewußt bleiben, daß diese Hoffnung weder historisch noch anthropologisch begründet ist. Ist es eine postulatorische Hoffnung? Natürlich kann eine solche Hoffnung begrüßenswerte soziale und historische Auswirkungen haben: Die mutige Tag des Soldaten ist dazu angetan, die Bestrebungen eines wichtigen Teils der Menschen in unserer Gesellschaft zu artikulieren.

Allerdings darf man die humanistisch-agnostische und die religiöse Deutung dieses Martyriums einander nicht zu absolut gegenüberstellen. Schließlich ist die humanistische Hoffnung nicht rein postulatorisch, sondern in einer autonom-ethischen Überzeugung begründet: Man kann ja behaupten, daß Hoffnung auf den Triumph des Humanen besteht, weil im Opfer des Soldaten die Gerechtigkeit auf seiner Seite und nicht auf der der Machthaber ist. Tatsächlich bietet die menschliche Überzeugung, daß Gerechtigkeit stärker ist als Unrecht, einen Grund für diese Hoffnung. Übrigens teilen auch die Gläubigen diese menschliche Überzeugung; sie ist die menschliche Vermittlung ihres Glaubens an Gott. Religiöse wie agnostisch-humanistische Menschen vertrauen auf den Sieg der Gerechtigkeit über Unrecht und Böses. Der agnostische, früher sogar militant-atheistische Jean-Paul Sartre sagte sterbend: „Und dennoch vertraue ich auf die Humanität des Menschen." Die humanistische Hoffnung ist nicht rein postulatorisch; die Überzeugung, daß man auf seiten der Gerechtigkeit steht, begründet diese Erwartung; die Hoffnung gründet sich auf den Sieg der Gerechtigkeit, trotz der Tatsache, daß die erfahrbare Welt diesem Sieg empirisch ständig widerspricht.

Allerdings weiß der Humanist letztendlich nicht, ob die Wirklichkeit seiner ethischen Überzeugung recht geben wird, auf der Seite der Gerechtigkeit zu stehen! Der große Unterschied zur religiösen Betrachtungsweise besteht darin, daß die ausschließlich autonom-ethisch begründete Hoffnung zwar den Ausblick auf eine vielleicht größere Menschlichkeit einiger oder vieler Menschen in der Zukunft zuläßt, aber die vielen Opfer, die schon gebracht wurden, ebenso vergißt wie die vielen Opfer, die es in Zukunft geben wird. Für die vergangenen Opfer gibt es weder Befreiung noch Erlösung; sie haben dafür gelebt, daß in Zukunft manchen Menschen vielleicht ihr Los erspart bleibt. Im gläubigen Durchstehen dieser äußersten, im höchsten Maß ethischen Situation sieht und erfährt der Gläubige die Wirklichkeit mit ihrer absoluten Begrenztheit im letzten nicht als blindes Schicksal oder unverfügbaren Zufall, sondern als personale Größe, d.h. als unterfangen von Gottes absoluter Heilsgegenwart, die uns gerade auch in von ihm nicht gewollten und nicht einmal akzeptierten, faktisch aber absurden Situationen heilbringend nahe ist. Das Absurde wird nicht wegdiskutiert, auch nicht rational verstehbar gemacht oder religiös gutgeheißen, aber für den Gläubigen behält es nicht das letzte Wort: Gläubige vertrauen die Absurdität Gott an, der die Quelle reiner Positivität und transzendentes Fundament aller Ethik ist, mystischer Grund jedes ethischen Handelns; nur so gibt es Hoffnung für die Opfer, die außerhalb der religiösen Perspektive endgültig abgeschrieben sind. Der Märtyrer vollbringt seine mutige Tat nicht, um sich damit „ewigen Lohn" zu erwerben. Aber seine Tat ist sogar stärker als der Tod. Der an Gott Glaubende betrachtet den Glauben an den Triumph des Gerechten und Guten über alles Unrecht als eine Erfahrung des Meta-Humanen (denn Menschen können es in ihrer Geschichte offensichtlich nicht leisten), vor allem der absoluten Präsenz von Gottes reiner Positivität inmitten des geschichtlichen Ineinanders von Sinn und Unsinn, das „Mensch" und Geschichte heißt. Hier geht es nicht um Herabwürdigung des Menschen durch die Berufung auf einen vollkommen fremden Gott. Denn diese Berufung auf Gott wird zum einen durch die menschliche Überzeugung vermittelt, daß das Recht stärker ist als alles Unrecht; zum anderen ist es eine Berufung gerade nicht auf einen vollkommenen Frieden, sondern auf die letzte, innerste Quelle aller Gerechtigkeit: die intime Anwesenheit der restlos positiven Wirklichkeit „Gott": eines Gottes, der nicht Tod, sondern Leben für die Seinen, für alle will. Hier kommt klar zum Ausdruck, daß für den an Gott Glaubenden, besonders für den Christen, Religion – Gottesglauben – den Menschen in ein und derselben Bewegung zur Liebe zu Gott und zur Liebe zu den Menschen befreit; vor allem zur vorrangigen Liebe zu den ungerecht Behandelten und an die Seite Gedrängten (Mt 25,40).

Der Einsatz für den Mitmenschen, bis hin zum ethisch begründeten Martyrium, erweist sich als ein dem Menschen zugänglicher Lebenskontext, in dem (angesichts einer massiv säkularen Welt) ein menschlich relevanter, philosophisch sinnvoller Gottesbegriff eingeführt werden kann, der ein eigenes, anderen begreiflich zu machendes Feld des Verständnisses eröffnet. So gewinnt man Zugang zum religiösen Bezugspunkt, zu Gott, dem anderen, zu dem wir in einer theologalen, aber ebenso wesentlich auch realen, asymmetrisch-ethischen Beziehung stehen. Die humanistisch-säkulare wie die christliche Antwort liegt im „vergeblichen Opfer", sei es im Sinn einer heroischen Tat, sei es als „vergebliches Liebesopfer" in tiefmenschlichem Sinn eines heiligen, unheroischen Vertrauens auf Gott trotz allem. Es handelt sich um zwei menschliche Lebensmöglichkeiten, die beide ihre vernünftige Verstehbarkeit einschließen: Für den Gläubigen ist die religiöse Deutung verstehbarer und vernünftiger, für den Ungläubigen ist es die agnostische. Aber in diesem Kontext wird auch Nichtgläubigen verständlich, was Gläubige mit „Gott" meinen. Für den Gläubigen hat dieser Glaube genügend Anhaltspunkte in seiner menschlichen Erfahrung, ohne daß die Menschlichkeit dieser Erfahrungen geleugnet werden müßte.

Der am ehesten einleuchtende moderne Weg zu Gott ist die Bejahung des Mitmenschen, sowohl interpersonal wie durch die Veränderung von Strukturen, die ihn unterdrücken. Es geht dabei nicht um einen rein theoretischen oder spekulativen Zugang zu Gott (ontologische Begründungen oder dezisionistische Proklamationen der freien Subjektivität), sondern um das gläubige Nachdenken über die Praxis von Gerechtigkeit und Liebe. Es geht nicht nur um die ethische Konsequenz des religiösen, des theologalen Lebens, sondern die ethische Praxis wird zu einem wesentlichen Bestandteil der wahren Gotteserkenntnis. „Dem Schwachen und Armen verhalf er zum Recht. Heißt nicht das, mich wirklich erkennen? – Spruch des Herrn" (Jer 22, 16). Gott ist vor allem in der Praxis der Gerechtigkeit zugänglich: „Niemand hat Gott je geschaut; wenn wir einander lieben, bleibt Gott in uns, und seine Liebe ist in uns vollendet" (1 Joh 4, 12).

Schlußfolgerung

Vermittelt durch die menschliche Überzeugung, daß man Gut und Böse, Gerechtigkeit und Unrecht nicht auf die gleiche Stufe stellen kann und daß deshalb das Gute recht hat, leistet der Glaube an Gott die theoretische Vermittlung der menschlichen Hoffnung auf den Sieg des Humanums mit der konkreten Realität unserer Geschichte. Die praktische Vermittlung der auf Gott gegründeten Hoffnung mit der geschichtlich erfahrbaren Welt geschieht durch die gottgläubige Praxis der Weltveränderung und -verbesserung in dem Wissen, daß beim Scheitern dieser Praxis durch menschliches Unrecht noch nicht das letzte Wort gesprochen ist, weil die praktische Vermittlung in das Vertrauen auf Gott aufgenommen ist, dessen Zukunft vor uns größer ist als unsere geschichtliche Zukunft. Folglich ist der Glaube an Gott Grundlage der welterneuernden prophetischen Praxis. Die gläubige Praxis steht unter dem Versprechen der Hoffnung. Letztlich vollziehen Christen die historische Vermittlung durch die eschatologische Erinnerung an Tod und Auferstehung Jesu, die wiederum ein für die Menschheit noch nicht eingelöstes, aber gleichwohl begründetes Versprechen ist. So wird die gläubige Hoffnung mit dem Widerspruch der erfahrenen Wirklichkeit versöhnt – „versöhnt" nicht in einem undialektischen Harmoniemodell, sondern durch die kritische und produktive, heilbringende Praxis lebendiger Menschen und durch den Glauben, daß es gegenüber der erfahrenen und widerständigen Welt stets einen Überschuß an Hoffnung gibt.

Dieser Hoffnungsüberschuß gegenüber dem, was

schon in der Geschichte verwirklicht wird, gründet sich für den Gläubigen in dem, was er Gottes „Schöpfung aus Heilsabsichten" nennt: Gottes absolute Heilsgegenwart bei dem, was er ins Leben gerufen hat. Gerade diese gnadenvolle Präsenz, die in unserer Erfahrung in und durch unsere wesensgemäße Endlichkeit und durch Sinnerfahrungen wie durch negative Kontrasterfahrungen vermittelt wird, bleibt die unerschöpfliche, nicht säkularisierbare Quelle eines unversiegbaren Erwartungspotentials der Menschheit. Leben ohne Glauben an Gott ist noch nicht das gleiche wie Leben in einer Welt, aus der Gottes aktive Heilswirksamkeit verschwunden wäre (allerdings kann nur der Gläubige diese Unterscheidung treffen!). Glaube an Gott ist gleichermaßen Affirmation wie Kritik und deshalb nicht nur Kritik oder „göttlicher Vorbehalt". Gerade weil dieser Glaube affirmativ, produktiv oder befreiend ist, hat er auch kritische Kraft, die mit Unheil und Unfreiheit ins Gericht geht. Jede besserwisserische positive Füllung dessen, was definitives Heil bedeuten wird, steht in der Gefahr, entweder menschlicher Größenwahn zu werden oder die Möglichkeiten Gottes zu gering einzuschätzen.

§ 2 Ethik als Verbindungsglied zwischen der mystischen und der politischen Dimension des christlichen Gottesglaubens

Theologal-mystische Dimension des christlichen Gottesglaubens

Das christliche Glaubensleben hat neben der ethischen, der mitmenschlichen, ökologischen und sozial-politischen auch eine mystische Dimension: die der kognitiven Vereinigung mit Gott. Das direkt auf Gott gerichtete Moment des Glaubens nenne ich seine mystische Seite. Diese kognitive Dimension des Glaubens hat zwei Aspekte: den Aspekt der in Bekenntnis, Begriff oder Bild ausgedrückten Gottesvorstellungen, etwa den Glauben an Gott, der als Schöpfer, Erlöser oder Befreier bekannt wird, und den Aspekt des kognitiven Kontakts mit der Wirklichkeit Gott (eine bestimmte mystische Tradition spricht wirklich vom „thinganein", ein griechisches Wort für „berühren", Kontakt). Mystik im engeren Sinn ist dann eine intensivere Art, dieses kognitive, uns mit Gott verbindende Element im Glauben zu erleben, wobei die Vorstellungen ganz in den Hintergrund treten oder sogar ganz verschwinden. Weil Gott alle Begriffe und Erfahrungen übersteigt, hat Mystik immer mit der „dunklen Nacht" zu tun. Wir stoßen hier auf das Paradox des Glaubenslebens überhaupt wie der Mystik als seiner intensiven Form. Glauben an Gott ist ohne Gottesvorstellungen nicht nur sinnlos, sondern sogar unmöglich und überdies auch geschichtlich wirkungslos, während andererseits Gottes absolute Präsenz alle unsere Gottesbilder und -vorstellungen entzweischlägt. Das Alte wie das Neue Testament sind voller Gottesbilder und bezeugen gleichzeitig das Zerschlagen solcher Bilder. Deshalb muß ich zunächst etwas tiefer auf dieses Glaubensparadox eingehen, das auch das Paradox jeder Form von Mystik ist.

Im letzten geht es um den Glauben an Gottes Gnade, also an die rettende, reale Gegenwart Gottes bei uns. Damit ist nicht ein abgetrennter Bereich, etwa der menschlichen Innerlichkeit, gemeint, sondern die ganze Wirklichkeit, in der wir leben und die wir auch selber sind. Von Gott aus gesehen, ist diese absolute Nähe unvermittelt; für uns ist diese Unmittelbarkeit „vermittelt", obwohl sie Unmittelbarkeit bleibt. (Ich weiß: So etwas macht keinen Sinn, wo es um zwischenmenschliche Beziehungen geht; es ist aber anders, wo es um die Reziprozität zwischen einem endlichen und einem unendlichen Wesen geht. Die Berufung auf „unmittelbare Erfahrungen" kann sehr in die Irre führen.) Deshalb läßt sich meiner Ansicht nach das Problem der Mystik in dem Begriff „vermittelte Unmittelbarkeit" zusammenfassen (auch wenn Mystiker bei der sprachlichen Umsetzung ihrer Erfahrungen von „Unmittelbarkeit" sprechen, verrät ihre Analyse, daß diese Unmittelbarkeit vermittelt ist, vor allem bei Johannes vom Kreuz und Meister Eckhart). Mystik ist eine Verlängerung des Gebets; sie ist ein Gebet, in dem versucht wird, die auch politisch, ethisch und begrifflich vermittelnden Komponenten des Glaubens zu übersteigen, um direkt in die unvermittelte Nähe Gottes zu gelangen. Aber aufgrund des Wesens Gottes und der unvermeidlichen vielfältigen Vermittlung jedes Glaubens an Gottes rettende absolute Nähe glückt dieser Versuch nie, und deshalb erscheinen die höchsten Gipfel der Mystik als „dunkle Nächte" (Johannes vom Kreuz) oder, noch gewagter, als „finsteres Licht" (Ruusbroec). Ohne Vermittlung scheint die Mystik tatsächlich einer Leere nachzujagen, einem „nada", wie es Johannes vom Kreuz formuliert; aber in der echten Mystik geht es um das „nada", das „Nichts" einer mehr als bestimmten, nicht begrifflich oder bildlich faßbaren Fülle, einer Fülle, die sich als solche dem menschlichen Geist nur als „dunkle Nacht" oder „finsteres Licht" zeigen kann. Auf dieser Ebene des mystischen Gebets gibt es weder positive Bezugspunkte noch positive Vermittlungen, sondern nur die Vermittlung der Negativität, die sich als schwarzes Loch offenbart oder, wie es bei Theresia von Lisieux heißt, „wie eine Mauer". Mystik ist ein Dialog, in dem beide Partner intensiv beschäftigt sind, in dem aber der eine Partner – Gott – trotz aller Wirksamkeit zu schweigen scheint.

Mystik ist ihrem Wesen nach nicht nur ein Erkenntnisprozeß, sondern ein bestimmter Lebensweg, ein Heilsweg. Bevor wir Mystik als „Erkenntnisproblem" behandeln, müssen wir umschreiben, was „mystische Erfahrungen" sind. Auf der Grundlage von Beschreibungen, die männliche und weibliche Mystiker von ihrem mystischen Lebensweg gegeben haben, lassen sich dazu meiner Meinung nach drei Konstanten nennen (die allerdings viele Varianten haben).

1. Mystische Erfahrung ist eine Ursprungserfahrung. Die Mystiker sind der Überzeugung, daß etwas Grundlegendes geschehen ist; eine Art „Erleuchtung". Dabei wird das frühere vertraute Welt- und Selbstverständnis des Betroffenen (sein „ego") radikal niedergerissen; seine alte Welt stürzt zusammen; er hat etwas

völlig Neues erfahren, etwas überwältigend Neues, das seine Lebensweise ganz und gar verändert. Auch die alten Worte reichen nicht mehr aus; die neue Erfahrung braucht zu ihrer Verarbeitung und Versprachlichung neue Worte. Zusammenfassend: eine Art Durchbruch, ein Zusammenbrechen der alten Welt, das Erlebnis von etwas vollkommen Neuem: Licht oder Feuer, eine Liebesglut, oder auch ein „nada" oder ein „Du". Auch Paradoxa wie „alles" oder „nichts" finden wir bei den Mystikern, und zwar als miteinander vertauschbar. Besonders kennzeichnend ist Ruusbroecs Ausdruck „finsteres Licht". Es geht um etwas Transzendentes und gleichzeitig Allumfassendes; um die Quelle aller Objektivität wie Subjektivität. Eine bedingungslose Heilserfahrung, auch eine Erfahrung von Totalität, von Versöhnung mit allem ... trotz Leiden und Unversöhntheit.

2. Darauf folgt meist eine zweite Phase: Die erste große Verliebtheit scheint verschwunden; der Zweifel nagt: War das alles wirklich echt? Es handelt sich um das, was viele Mystiker die Phase der „Reinigung" (Katharsis) durch verschärfte Konzentration nennen; es gibt auch Liebesprozesse, die als „menschliche Verwundung" erfahren werden; sie fügen dem Menschen keinen Schaden zu, sondern führen ihn empor. Diese zweite Phase endet meistens in Nacht oder Wüste. Wirkliche Mystik ist nichts Schönes, sondern Qual.

3. Und doch: Am Ende entdeckt man die Gesichtszüge des göttlichen Geliebten, und sei es nur in der Spur, die der Geliebte im Wesen des Mystikers oder der Mystikerin hinterlassen hat; es bleibt eine vermittelte „Unmittelbarkeit"; es gibt eine unverhüllte Anwesenheit des Göttlichen, aber auch eine selbstver-

ständliche Anwesenheit des Mystikers bei Gott: „Mystische Vereinigung", Gegenseitigkeit. Und doch: immer begleitet vom schmerzlichen Gefühl eines Mangels, des Nicht-Sehens.

Diesen mystischen Lebensweg kann man in sehr unterschiedlichen Kontexten und Situationen erfahren. Einige machen diese Erfahrungen in der Natur; andere, wie etwa Buber, in der Familie; wieder andere, wie etwa Franziskus, in Gesellschaft und Welt; andere beim Lesen der Tora oder der Schrift oder in der Begegnung mit dem als Christus bekannten Jesus; wieder andere in der Erfahrung des Du des Mitmenschen; andere durch die Versenkung in ihr eigenes Wesen (die sogenannte Wesensmystik); heute ereignet sich der mystische Weg für viele in der Erfahrung des „Privilegs der unterdrückten Armen". Trotzdem ist es immer eine Totalitätserfahrung; eine Art Gefühl der Gegenwart der ganzen Wirklichkeit oder sogar des Ursprungs von allem wird erfahren. In jedem Fall ist das erfahrene Unaussprechliche wirklicher als der Stuhl, auf dem der Mystiker sitzt, wirklicher als alles, was er als Wirklichkeit betrachtet. Mystik meint keinesfalls „Gott, und nur Gott". Das wird im Sonnengesang des Franz von Assisi deutlich: „Sei gelobt, mein Herr, mit allen deinen Geschöpfen." Der Mystiker wird zwar zunächst alles loslassen, alles, auch sich selber, preisgeben. Aber er erhält in der gnadenhaft geschenkten Zuwendung Gottes alles, auch sich selber, hundertfältig zurück. Echte Mystik ist nie Weltflucht, sondern integrierendes und versöhnendes Erbarmen mit allem aus einer zunächst desintegrierenden Ursprungserfahrung. Annäherung, keine Flucht.

Die Vermitteltheit im christlichen Glauben überhaupt und auch in der Mystik hat Folgen für die Strukturen des Ganzen des Glaubens. Jesus offenbart die Göttlichkeit des Wesens Gottes, indem er ihn gerade in seiner Menschenfreundlichkeit offenbart: als einen auf die Menschen und auf Menschlichkeit bedachten Gott. Darin zeigt sich ein ebenso tief mystischer wie auch prophetischer Gottesbegriff, und zwar in einer untrennbaren Einheit, in der das Ethos das mystische Element des Glaubens mit dem politischen Element eben dieses Glaubens verbindet. Das muß jetzt verdeutlicht werden.

Die theologale Dimension in ihrer politischen Gestalt

Wegen der Vermittlung in Glaube und Mystik oder in der „theologalen" Dimension des Glaubens geht der Gott der Juden und Christen den Weg der Welt und ruft, in diesem Sinn, nicht zur Weltflucht auf, sondern zur „Flucht mit der Welt" zum Reich Gottes; also zur Vorwegnahme des Reiches Gottes in dieser Welt: zu einer ganzheitlichen Welt, einer Welt, wie Gott sie will. Es gibt hier keinen Gegensatz zwischen Innen und Außen. Am deutlichsten kommt das im christlichen Verständnis von Nächsten- und Gottesliebe zum Ausdruck: Das Christentum weist jeden Dualismus zurück – als ob die Nächstenliebe der Liebe zu Gott untergeordnet wäre! Von Prioritäten kann hier keine Rede sein. Menschenliebe und Gottesliebe sind in der christlichen Tradition ein und dieselbe „theologische Tugend"; die Liebe, die von Gott kommt und durch unser sie bejahendes Herz zum

Mitmenschen weitergetragen wird. So ist die Menschenliebe als bedingungsloser Einsatz für den Mitmenschen gleichzeitig Erweis der Aufrichtigkeit der Gottesliebe.

Aber ungeachtet der Absage an jeden Dualismus bilden Gottesliebe und Nächstenliebe eine spannungsvolle Einheit. Durch und in der Eigenständigkeit des „Weltlichen" wird diese Spannung auch sichtbar. Denn in der Nächstenliebe ist die Gottesliebe zwar wirklich, aber nur implizit enthalten; andererseits ist echte Gottesliebe implizit Nächstenliebe. Die Gestalt der Gottesliebe des in der Welt engagierten „aktiven Mystikers" ist in seiner Nächstenliebe nur implizit präsent. Es geht aber nicht um den Aufweis, daß die eine Form besser oder vollkommener wäre als die andere; das wäre mehr Hellenismus als Christentum bzw. Ausdruck cines modernen Aktivismus. Zwar kann es Mystik nicht nur als Stille und Ruhe, als Innerlichkeit und Kontemplation geben, sondern auch als prophetischen Kampf. Andererseits braucht aber auch die aktive Mystik der tatkräftigen Menschenliebe aus ihrer eigenen inneren Dynamik heraus unabdingbar Momente der expliziten Doxologie und Eucharistie, ausdrückliches Lob und ausdrücklichen Dank.

Mystik wurde früher oft mit Kontemplation gleichgesetzt, und Nächstenliebe hatte, je nach der geschichtlich-sozialen Situation, fast ausschließlich die Gestalt zwischenmenschlicher Hilfe und Solidarität. In der modernen Zeit, in der wir erkannt haben, daß gesellschaftlich-politische Strukturen (die oft Menschen unterdrücken) auch verändert werden können, erhält die Nächstenliebe zusätzlich zu ihren anderen, älteren Erscheinungsformen auch die Gestalt der politischen Liebe, getragen von ein und derselben Präsenz der impliziten Gottesliebe. Auf diese Weise kann die Liebe zu Gott (letztendlich die Mystik) mit dem konkreten sozial-politischen Engagement von Christen zu tun bekommen. Mystik und Politik stehen für Christen dann in der gleichen Spannungseinheit wie Gottesliebe und Nächstenliebe, als zwei Gestalten ein und derselben theologalen Lebenshaltung: Damit öffnet sich in unserer Zeit ein Feld der Heiligkeit, das mit Recht „politische Heiligkeit" (Ion Sobrino) genannt wird.

Begriffe wie Mystik und Politik sind zweideutig oder sogar verdächtig. Ich möchte deshalb eine allgemeine Definition geben, mit der konkret gearbeitet werden kann. Unter „Mystik" verstehe ich hier eine intensive Form der Gotteserfahrung oder Gottesliebe, unter „Politik" verstehe ich eine intensive Form des gesellschaftlichen Engagements (nicht in jedem Fall das politische Geschäft von Berufspolitikern), ein jedem erschwingliches Engagement.

Ich sagte, politische Liebe sei eine Form der christlichen Nächstenliebe neben anderen möglichen und notwendigen Formen, wie etwa der karitativen Hilfe. Aber Heiligkeit ist immer kontextuell; sie spielt sich nicht in einem sozial luftleeren Raum ab. Angesichts der heutigen, inzwischen allgemein bewußt gewordenen Situation der leidenden Menschheit kann politische Liebe durchaus zur geschichtlich dringlichen Gestalt heutiger Heiligkeit werden, zum geschichtlichen Imperativ des Augenblicks oder, christlich ausgedrückt, zum heutigen „kairos" oder Gnaden-Augenblick als Appell an alle Gläubigen. In der jüdischen und christlichen Glaubenstradition wird Gott ja als ein auf Menschen bedachter Gott erfahren, der auch auf Menschlichkeit bedachte „Menschen Gottes" will. Er ist der Förderer des Guten, der Streiter gegen das Böse. Deshalb fällt christliches Sprechen über Gott in eins mit dem Sprechen über den Grund universaler Hoffnung, mit dem Sprechen über den universalen Heilswillen Gottes gegenüber allen Unrechtssituationen und damit zum Wohl aller Menschen, mit einer vorrangigen Liebe zu den Menschen, die am weitesten von diesem Heil entfernt sind, Menschen, die durch Mitmenschen oder unterdrückende Strukturen klein gehalten werden, Arme und Unterdrückte; das eine verlorene Schaf. Das sind viele: die zwei Drittel der Weltbevölkerung, die unterernährt sind.

Die Erinnerung an Leben und Hinrichtung Jesu und der Glaube an seine Auferstehung äußern sich deshalb nicht nur in Liturgie, sondern auch in Politik. Mit der jüdischen und christlichen Glaubenstradition als Kompaß, als Wünschelrute und Wegweiser können wir unsere profane Geschichte darauf hin abtasten, inwiefern sie quer zu der Heilsgeschichte steht, die Gott will. Gerade in dieser Kontrasterfahrung liegt die Möglichkeit einer neuen Transzendenzerfahrung. Eine solche Erfahrung hat zwei Facetten: Einerseits erfahren die Menschen, besonders die Armen und Unterdrückten und diejenigen, die sich mit ihnen solidarisch erklären und sich entsprechend verhalten, daß Gott in vielen menschlichen Macht- und Besitzverhältnissen in dieser Welt abwesend ist; sie erfahren so die Entfremdung, den Abstand zwischen Gott, dem Reich Gottes und unserer Gesellschaft. Andererseits erfährt der Gläubige gerade in seiner politischen Liebe und seinem Widerstand gegen Unrecht einen intensiven Kontakt mit Gott, die Anwesenheit des befreienden Gottes Jesu. In der modernen Zeit wird der Glaube offenbar primär durch und in der Befreiungspraxis gestärkt. In ihr wächst das Bewußtsein, daß Gott sich als das tiefste Geheimnis offenbart, als Herz und Seele jeder wahrhaft menschlichen Befreiung. Wenn das Verständnis dieses Geheimnisses, das zunächst in jeder Form wirklich menschenbefreienden Handelns verborgen ist, auf den Begriff gebracht wird, wird es zunächst dadurch ausdrücklich benannt, daß man es in Glaubensaussagen ausdrückt: „Du bist ein befreiender Gott, Heiliger Israels", kein Gott der Lebenden und Toten, sondern ein Gott, der Leben geben möchte. Die Entdeckung (sie geschieht nicht zuletzt unter Verwendung der jüdisch-christlichen Glaubenstradition als Wegweiser), daß Gott selber Herz und Quelle aller wahrhaft menschlichen Befreiung ist, ruft zu Lob und Dank auf, zur liturgischen Feier Gottes als des Befreiers, sogar noch bevor wir ganz befreit und erlöst sind. Die Grundlage und Quelle der universalen Hoffnung ist unserem Handeln immer voraus. So wurde schon in Israel erzählt. Und das Neue Testament nimmt diesen Erzählstrang auf.

Diese Form politischer Liebe und Heiligkeit erhält gerade in unserer Zeit ihre größten Chancen. Die Zeit ruft gleichsam danach, aber wir müssen diese Stimme deuten. Denn „Zeichen der Zeit" sprechen nicht; wir müssen sie zum Sprechen bringen. Aber auch wenn sie sich in einem anderen Bereich abspielt: Auch die politische Gestalt der christlichen Nächsten- und Gottesliebe kennt Umkehr und Metanoia, Askese und Selbstverleugnung, das Leiden und die dunklen Nächte und das Sichverlieren an den anderen, die von altersher in der kontemplativen Mystik beheimatet sind. Die politische Heiligkeit hat heute schon ihre eigenen Märtyrer, die für die Gerechtigkeit unter den Menschen als Sache Gottes gestorben sind; denn auch das bedeutet der geheimnisvolle Ausdruck „Reich Gottes": Die bedingungslose Parteilichkeit für die Armen, Unterdrückten und Marginalisierten als Forderung der christlichen Liebe in ihren politisch-gesellschaftlichen Dimensionen bedeutet einen tiefgehenden asketischen Reinigungsprozeß, der den Reinigungswegen in der klassischen Mystik in nichts nachsteht.

Zweifellos ist das Politische als weltliche Wirklichkeit auch voller Zweideutigkeiten, Versuchungen und Bedrohungen, vor allem weil es in der Politik auch um Macht geht. Auch die klassische Gestalt der asketisch-mystischen Liebe war voller Bedrohungen und Verführungen, denen viele unterlagen. Gerade wegen dieser Gefahren ist die Politik von sich aus auf Heiligkeit und Humanisierung angewiesen, sie muß sich als bedingungslose Liebe bewähren. Aber eine von politischer Liebe getragene Befreiungspraxis ist als Emanzipation gleichzeitig (durch die Metanoia hindurch) ein Stück Erlösung von Gott her. Natürlich ist christliche Erlösung mehr als emanzipative Selbstbefreiung. Aber wahrhaft menschliche Befreiung, die durch politische Liebe getragen wird, verweist konkret auf die weltliche Fruchtbarkeit der christlichen Erlösung. Sie ist ein innerer Bestandteil von ihr. Gotteserfahrung ist beseelendes Begleitmoment des konkreten Befreiungshandelns, in dem diese Praxis gleichzeitig überstiegen wird. Sie ist aktives Zeugnis für den Gott der Gerechtigkeit und Liebe. Und weil das Heil nicht ganz und gar mit unserem Wissen davon zusammenfällt, daß dieses Heil von Gott kommt, können wir sagen, daß überall dort, wo Gutes getan und Unrecht bekämpft wird, das Wesen Gottes, der Menschenliebe ist, bejaht und bekräftigt wird. Nicht „Herr, Herr, Halleluja", sondern die Praxis ist entscheidend. Ohne Gebet und Mystik wird Politik schnell unerbittlich und barbarisch; ohne politische Liebe werden Gebet oder Mystik schnell sentimental oder zur unverbindlichen Innerlichkeit.

In einer untrennbaren Zwei-Einheit gehört zum christlichen Glauben also sowohl eine mystische wie eine politische Dimension; die Verbindung zwischen beiden stellt die ethische Dimension des christlichen Glaubens her.

Politische Dimension des Glaubens und amtliches Sprechen der Kirchen

Grob gesagt, lassen sich auf diesem Feld unter den Theologen unschwer zwei einander diametral entgegengesetzte Auffassungen unterscheiden, die für alle möglichen Zwischenpositionen Raum lassen.

Auf der einen Seite stehen die Vertreter einer absoluten Neutralität der Kirche hinsichtlich sozialer und politischer Probleme. Die Kirchen, so sagen sie, hat keinerlei politisches Mandat, sie ist für weltliche Dinge nicht zuständig. Also muß sie politisch und sozial neutral bleiben. Nicht selten verweist man dabei auf das Wort aus dem Neuen Testament: „Gebt dem

Kaiser, was des Kaisers ist, und Gott, was Gottes ist." Als Bürger engagieren sich die Christen zwar – wie auch Nichtglaubende – direkt oder indirekt in der Politik, aber auch für sie gilt der Grundsatz der Autonomie der politischen Vernunft und der Politik. Dieser „politische Liberalismus" war lange auch für progressive christliche Positionen kennzeichnend.

Auf der anderen Seite wird diese Position unter Berufung auf eine veränderte Gesellschaft, in der das Soziale im Mittelpunkt steht, heute als Gipfel eines reaktionären Status-quo-Denkens betrachtet. Für viele Christen ist heute soziale und politische Befreiung eine wesentliche Dimension des christlichen Glaubens. Den Menschen befreien bedeutet für sie: ihn zu seiner vollen Wahrheit zu führen. Darum müssen alle Entfremdungen, die den Menschen gefangenhalten und einengen, in Theorie und Praxis entlarvt werden. Zwar nicht alle, aber doch viele dieser Entfremdungen sind sozialer Natur; sie haben mit den Grundstrukturen der Weltwirtschaftsordnung zu tun, in der wir leben. Dieser Strömung zufolge kann die Kirche als Trägerin der frohen Botschaft von der der umfassenden Befreiung gegenüber den Problemen des weltlichen Zusammenlebens nicht neutral bleiben. Wenn die Kritik des Evangeliums an dem, was die Bibel „diese böse Welt" nennt, die sozial-politischen Strukturen dieser Welt außer acht läßt und damit das tatsächliche Unrecht in einer konkreten „sozialen Ordnung" von der Kritik ausnimmt, wird Kritik halbiert, heult man mit den Wölfen.

Soweit die beiden globalen Strömungen. Darüber hinaus läßt sich innerhalb der zweiten Strömung noch eine wichtige Teilströmung unterscheiden:

Christen, die der Überzeugung sind, die einzige echte und wirksame Kritik gesellschaftlicher Verhältnisse sei die marxistische Gesellschaftsanalyse. Sie behaupten, nur ein Christentum, das im Licht der marxistischen Analysen der kapitalistischen Gesellschaft neu interpretiert werde, könne letztlich den Forderungen des Evangeliums entsprechen. Ich möchte hier betonen, daß man die von mir beschriebene zweite Strömung nicht auf diese Unterströmung reduzieren darf. Meiner Auffassung nach ist das Instrumentarium der marxistischen Gesellschaftsanalyse eine legitime Möglichkeit, aber längst nicht die einzige und auch nicht per se die beste.

Es ist unser Auftrag (und meiner als christlicher Theologe), den Geist des Evangeliums mit politischer Weisheit zu kombinieren und damit der Wahrheit, die in beiden Auffassungen steckt, gerecht zu werden. Ich halte die Forderung nach Autonomie der politischen Vernunft sowohl von der Politik wie vom christlichen Glauben aus für unbedingt notwendig. Sonst verstrikken sich Christen schnell in autoritären und besserwisserischen Klerikalismus, für dessen fatale Auswirkungen in bezug auf ein sinnvolles Zusammenleben im Staat wie auf die Freiheit der Kirche die Geschichte des Christentums genügend Beispiele geliefert hat und noch liefert. Außerdem ist nicht zu leugnen, daß die christliche Offenbarung keine genauen Anweisungen für die wirtschaftliche, gesellschaftliche und politische Gestaltung der menschlichen Gesellschaft enthält. Diese Dinge gehören in den Bereich menschlicher politischer Gestaltungskraft, die etwa durch die politischen Wissenschaften und durch Lehren aus der Geschichte unterstützt wird.

Wir dürfen daraus allerdings nicht den Schluß ziehen, die Botschaft des Evangeliums habe mit der Ordnung des menschlichen, weltlichen Zusammenlebens nichts zu schaffen. Nächstenliebe Gottesliebe: Caritas ohne Gerechtigkeit ist Lüge; aber auch Gerechtigkeit wird zum leeren Wort, wenn sie nicht zur Errichtung einer gerechten sozialen und politischen Ordnung führt. Dazu braucht es sowohl das, was P. Freire „Konszientisation", soziale Bewußtseinsbildung, genannt hat, wie auch die Veränderung von Strukturen. Deshalb muß man (mit den Vertretern der zweiten Strömung) sagen, daß die christliche Botschaft auch politische Relevanz hat, über die zu sprechen die Kirchen das Recht haben, und zwar aus der Glaubenseinsicht, daß das Heil, das zu bringen sie beanspruchen, auch die Aufhebung sozialer und politischer Entfremdung beinhaltet. Die Kirchen müssen zu jeder Zeit bereit sein, bescheiden, aber furchtlos Unrecht anzuklagen; sie müssen darum besorgt sein, überall in der Welt den Sinn für menschliche Solidarität und soziale Verantwortung zu fördern.

Diese politische Relevanz des Evangeliums besagt keinesfalls, die Kirchen dürften das Geschäft des Regierens in die Hände nehmen, und nicht einmal, sie dürften sich an ein bestimmtes politisches und soziales System binden. Das würde den Tod der politischen Wahlfreiheit bedeuten, die nicht nur ein politischer, sondern auch ein moralischer Wert ist, der für die umfassende Ausübung der Verantwortung des Menschen für seine Mitmenschen und für seine Geschichte (sofern diese in unserer Macht liegt) unverzichtbar ist.

In der heutigen Polemik in bezug auf diese Fragen

(besonders aus Anlaß des Buchs von H. Kuitert „Alles is politiek, maar politiek is niet alles", Baarn 1985) kommt es meiner Meinung nach vielfach zu Mißverständnissen. In seiner strikten und technischen Bedeutung bezieht sich der Begriff „Politik" auf die konkrete politische Praxis, d. h. auf das Ganze der wirtschaftlichen, sozialen und politischen Aktivitäten, deren unmittelbarer Zweck die Schaffung einer immer gerechteren und menschlicheren politischen und sozialen Ordnung für alle Menschen ist; das geht nicht ohne den Kampf um die Macht. Der Bürger, der Christ ist und sich zusammen mit seinen nichtgläubigen Mitbürgern politisch engagiert, wird im Evangelium, in seinem Glauben neue Motive religiöser Inspiration und einen sehr ausgeprägten Sinn für die Würde der menschlichen Person finden. Aber das ändert nichts daran, daß die konkrete politische Option in keiner Weise Sache des Glaubens ist; sie fällt deshalb auch nicht in die Zuständigkeit der Kirche, sondern ist Sache der Wahlfreiheit freier Bürger.

„Politische Relevanz" hat aber auch eine umfassendere, allgemeine Bedeutung. Damit ist dann gemeint, daß es zum Wesen und zur Pflicht des christlichen Glaubens und also auch der amtlichen Kirche gehört, Wahrheit und Gerechtigkeit in der Welt zu fördern, und zwar als eine geistliche Kraft, kritisch und ethisch, als eine Kraft, deren Auftrag es ist, im Herzen des Menschen den Willen lebendig zu erhalten, das menschliche Zusammenleben zu einer Polis zu gestalten, also zu einer Stadt, zu einem Wohnort, an dem jeder gut wohnen und leben kann. Ich möchte mich am Ende dieser Darlegungen auf die amtliche Kirche konzentrieren, auf die Kirche als Institution, und auf das amtliche Sprechen der Kirchen in Fragen des gesellschaftlichen Zusammenlebens.

Als Institution in unserer Gesellschaft ist die Kirche schon automatisch auch ein „Politikum". Indem sie als Institution in der Gesellschaft besteht, wirkt sie auf diese und auf deren Politiker ein. Es wäre das Ende der praktischen Relevanz des christlichen Glaubens für das menschliche Leben, würde man ihn von seiner Eingebundenheit in die gesellschaftliche Wirklichkeit isolieren. Der Glaube würde allerdings seine Identität einbüßen, wenn er mit einem politischen Engagement verwechselt, identifiziert oder auf es reduziert würde. Die Welt liegt den Christen zwar sehr am Herzen, aber das Herz des Christen hängt nicht an der Welt!

Auch ihrer eigenen Sichtweise zufolge hat Politik nur einen „weltlichen" Auftrag. Ihr Ziel ist die Herstellung eines Lebensraums, der die elementaren Lebensinteressen des Menschen in ein vernünftig geordnetes Ganzes integriert. Dazu gehört beispielsweise: die Beherrschung der natürlichen Umgebung zur Sicherung des physischen Überlebens der Menschheit; die Ermöglichung unbeeinträchtigter Interaktion mit der persönlichen „Mitwelt" zur Verwirklichung der sozialen Dimension des Menschen, die gewaltfreie Ordnung der sozialen Lebenswelt, die die Verwirklichung der persönlichen Freiheit des Menschen möglich macht. Dabei soll als Norm für die menschliche Vernunft gelten, daß die Beherrschung der natürlichen Umwelt die natürliche Lebensgrundlage der Menschheit nicht bedrohen darf und daß soziale Ungleichheiten nur soweit geduldet werden können, als sie Menschen, die aufgrund ihrer natürlichen und tatsächlichen gesellschaftlichen Startchancen in der Beteiligung am sozialen Leben behindert sind, größtmögliche Vorteile gewähren; daß Machtausübung im Blick auf die Aufrechterhaltung innerer und äußerer Freiheit der Bürger in der Gesellschaft durch den freien Konsens aller Betroffenen gutgeheißen werden muß und schließlich: daß jeder Bürger die Chance haben muß, ungehindert seine eigenen Interessen zu verfolgen, soweit diese nicht der Verwirklichung gleichberechtigter Interessen und Bedürfnisse anderer entgegenstehen (vgl. u.a. H.-J. Höhn, Politischer Glaube?, in: Theologie und Philosophie 61, [1986] 1–23).

Auf diesem Hintergrund stimme ich mit H. Kuitert darin überein, daß wegen der auch vom christlichen Glauben anerkannten Autonomie der politischen Vernunft amtliche kirchliche Äußerungen auf politischem Gebiet ein kirchlicher Dienst in politischen Notsituationen sind. Eine „Ayatollisierung" der Politik ist von Übel, sie bedeutet eine Verhöhnung der politischen Vernunft wie des christlichen Glaubens an Gott. Solange die Politik ihrem selbstauferlegten Auftrag ausreichend und vernünftig nachkommt, haben die Kirchen keinen Anlaß zur aktiven politischen Intervention. Im übrigen könnte die Kirche ja auch nichts anderes sagen, als was in den Tageszeitungen und in kulturellen und politischen Zeitschriften steht und was politische Parteien tatsächlich sagen und tun. Außerdem ist weder die Politik auf eine kirchliche Zugabe auf diesem Feld angewiesen, noch hat die Öffentlichkeit viel Interesse daran. Bevor man H. Kuitert in diesen Fragen kritisiert, sollte man erst genau zur Kenntnis nehmen, was er wirklich zu sagen hat, und nicht den Fehler machen, ihm eigene Emotionen in die Schuhe zu schieben.

Allerdings habe ich als Christ weniger Zutrauen als er zur politischen Vernunft, sogar in einer demokratisch verfaßten staatlichen Ordnung. Nicht in erster Linie wegen der Bosheit des menschlichen Herzens oder der persönlichen Machtgier der Menschen, sondern wegen strukturell wirksamer Gesetzmäßigkeiten in einer gegebenen Ordnung, in der implizit oder explizit nicht das Humanum oder die politische Vernunft, sondern die Wirtschaft Priorität hat. Es fragt sich, ob die von H. Kuitert als solche anerkannten evidenten Notsituationen beispielsweise in Südamerika oder Südafrika wesentlich und strukturell nicht auch mit dem zu tun haben, was sich in unseren westlichen Demokratien und Wohlfahrtsstaaten abspielt, so daß die Spannungen zwischen Nord und Süd und zwischen Ost und West wie auch die beklagenswerten Unterschiede bei der Verteilung materieller und geistiger Güter und der Arbeit auf der Welt die heutige politische Welt in Breite und Länge, Höhe und Tiefe zu einer großen Notsituation werden lassen. Obwohl ich als Gläubiger auf den Gebrauch politischer Vernunft in einer demokratischen Ordnung vertraue, muß ich doch als kritischer Gläubiger die Gesetze durchschauen, nach denen in einer durch die Priorität der wirtschaftlichen und oft auch militärischen Interessen geprägten Weltordnung die politische Vernunft manipuliert und als Ideologie gebracht wird. Meines Erachtens ist die „politische Notsituation" auf verborgene Weise konkret selbst in den kleinsten Details der in höchstem Maß demokratischen politischen Entscheidungsfindung im Westen festzumachen. Der

Druck wirtschaftlicher Prozesse, der sich aus der de facto überall bestehenden Priorität der Wirtschaft ergibt, kann eine demokratische Mehrheitsentscheidung zu einer rein ideologischen Entscheidung machen, gegen die die Kirchen protestieren müssen, wenn sie noch Kirchen des „Friedens Christi" genannt werden wollen. Das ist keine Unterminierung der Demokratie, sondern Dienst an der wahren Demokratie. Kirchen dürfen und müssen deshalb auch als Institutionen politisch aktiv werden – allerdings als Kirche und nicht als ein dritter oder vierter politischer Machtblock in der Gesellschaft –, vor allem wenn die vernünftig begründbaren Grenzen und Ziele der Politik verletzt werden, z. B. wenn die Politik totalitär und mit Gewalt auf Gebiete ausgeweitet wird, die den Gesetzen des Machbaren und Kontrollierbaren nicht unterworfen sind; oder wenn die geschichtliche Kontingenz politischer Strukturen ideologisch überfremdet und Politik „alles" wird. Dann liegt es auch im Interesse der politischen Vernunft, daß sie von den Kirchen auf Grenzüberschreitungen nach oben oder unten hingewiesen wird. Es ist dann allerdings entscheidend, daß die Kirchen nicht nur mahnend, paränetisch, sondern auch argumentativ sprechen. Dann hat der die Beweislast, der mit ihnen nicht übereinstimmt. Was die Kirchen auf politischem Gebiet zu sagen haben, muß mit vernünftigen Gründen und Gegengründen diskutiert werden können. Die Berufung auf die Bibel oder die Tradition ist für die politische Öffentlichkeit bedeutungslos. Die Berufung auf den Willen Gottes oder auf Schöpfungsordnungen ist in der Politik nur dann gerechtfertigt, wenn man die gesellschaftlichen Strukturen daraufhin befragt, ob sie der Förderung von Freiheit, Vernunft und Sittlichkeit dienen. Denn die christliche Botschaft hat uns zu Freiheit, Vernunft und Sittlichkeit befreit; sie hat jede von Angst und Unvernunft bestimmte Einstellung zum Leben entmächtigt.

Ob kirchliche Kritik an politischen Entscheidungen richtig ist, muß dann wieder argumentativ deutlich gemacht werden. Kritik an ihrem eigenen politischen Engagement müssen sich die Kirchen erst dann zu Herzen nehmen, wenn ihre Sachargumente nicht ausreichen oder wenn ihre Aktivität die Verwirklichung sozialer Freiheit oder das Funktionieren der demokratischen Ordnung verhindern oder beeinträchtigen würde. Das bedeutet aber, daß sie sich nicht mit Bekenntnissen, sondern mit Argumenten an der gesellschaftlichen Diskussion beteiligen müssen.

Meiner Ansicht nach läßt sich die sozialpolitische Verkündigung der Kirche nicht von ihrer Glaubensverkündigung trennen, auch wenn die Kirche in sozial-politischen Fragen den Mut haben muß, vorsichtig und sogar hypothetisch zu sprechen, mit Argumenten, die auch dem Nichtgläubigen zugänglich sind.

Kirchen werden vor allem dann politisch aktiv intervenieren, wenn politische Themen nicht rein politisch sind (was oft der Fall ist), sondern die Frage implizieren: Für welche Vorstellung vom Menschsein entscheidest du dich? Das gilt eindeutig bei der Gesetzgebung zur Gentechnologie, beim Rüstungswettlauf, bei der Friedensfrage usw. In all diesen Fragen muß die Politik für Wünsche und Forderungen aus den verschiedensten Bereichen der Gesellschaft offen sein, auch aus Religionen und Kirchen. Man darf der Politik keine Allmacht und keine allwissende Kompetenz einräumen, so wenig wie sie auf diesem Gebiet den Kirchen zusteht. Was zählt, ist das verantwortete und allen zugängliche Argument in dem Bewußtsein, daß wie alle weltlichen Größen auch die Politik nicht vergöttlicht werden darf und daß auch die Dämonisierung aller Politik von Übel ist. Man kann nicht alle Probleme politisieren.

Zum Schluß

Das kirchliche Sprechen über Politik schafft notwendigerweise Spannungen in den Kirchen. Die Polarisierung sollte man allerdings nicht als größte Gefahr für die Kirchen betrachten. Jedes kirchliche Sprechen hat für Polarisierung in den Kirchen gesorgt, schon im Neuen Testament und bei allen ökumenischen Konzilien. Man kann die Einheit nicht auf Kosten des Evangeliums aufrechterhalten. Kirchenpolitische Einigkeit als Einheit einer gesellschaftlichen Gruppe hat wenig mit der Einheit zu tun, um die der johanneische Jesus gebetet hat. Andererseits schadet die Vielheit der Christologien und ethischen Optionen, die sich im Neuen Testament finden, keineswegs der kanonischen Einheit, die die Kirchen in diesen Schriften bejahen.

Deshalb sollten wir besonders in unseren Tagen auf den massiven Einheitsblock von Gefahren blicken, die die Menschheit bedrohen. Der positive Wille, diese Gefahren abzuwenden (man denke nur an die Rüstungsspirale, die Kämpfe zwischen Völkern, die Verarmung der Dritten Welt, den Hunger in der Welt, die Arbeitslosigkeit, den sich ausbreitenden Rassismus, die Verschmutzung der natürlichen Umwelt, die Diskriminierung von Frauen und Minderheiten), kann Menschen zum solidarischen Handeln zusammenführen. Besonders die gemeinsame solidarische Hinwendung zu den Armen und Unterdrückten bringt Menschen neu in der „Ökumene der leidenden Menschheit" zusammen, und dieses solidarische Handeln kann wieder seinen theoretischen Niederschlag finden; d.h., mittels der Orthopraxie können wir wieder die echte und lebendige Orthodoxie erleben und auch in Worte fassen.

Nach Auschwitz, Hiroshima, Bergen-Belsen usw. und dem Würgegriff auf unser natürliches Lebensmilieu (als Symbole dessen, was in unserer Geschichte dämonisch ist) kann man nicht mehr auf die gleiche Art Theologie treiben und kirchlich sprechen wie zuvor. Es wird eine neue produktive Vermittlung zwischen dem Evangelium und unserer politischen Lebenswelt notwendig sein.

Damit ist eine wichtige Konsequenz verbunden: das Ende des „liberalen Pluralismus". Negative und tiefreichende Kontrasterfahrungen nötigen uns zu einer neuen, diesmal nicht fundamentalistischen Eindeutigkeit und Einigkeit anstelle des früheren liberalen Pluralismus vieler moderner Theologien, Glaubensauffassungen und Formen kirchlichen Handelns. Das solidarische Handeln gegen die menschheitsbedrohenden Gefahren kann uns eine neue und dem Evangelium entsprechende Sicht auf unsere grundlegenden Glaubensbekenntnisse vermitteln, die zwar „doxologisch" bleiben, also lobpreisend und danksagend, gleichzeitig aber ihre politische Dimension freigeben.

Von Edward Schillebeeckx bereits im Verlag Herder erschienen:

Jesus

Die Geschichte von einem Lebenden

„Hier erweist sich Schillebeeckx, der Dogmatiker von hohen Graden, als ein ebenso tüchtiger Exeget. Das Buch will Exegese und Dogmatik, die seit der historisch-kritischen Forschung immer wieder auseinanderzubrechen drohen, miteinander verbinden" (Heinz Zahrnt, Hamburg).

7. Auflage. 672 Seiten, gebunden. ISBN 3-451-17233-X

Christus und die Christen

Die Geschichte einer neuen Lebenspraxis

„Dieses Werk enthält eine Überfülle theologischer Information ... Viele Analysen neutestamentlicher Schriften schwimmen gegen den Strom mancher theologischer Moden und machen auf verschüttete christliche Grunderfahrungen aufmerksam" (Bischof Karl Lehmann, Mainz).

2. Auflage. 900 Seiten, gebunden. ISBN 3-451-17912-1

Erfahrung aus Glauben

Edward Schillebeeckx-Lesebuch

Herausgegeben von Robert Schreiter

In 80, in sich abgeschlossenen, kurzen Lesestücken wird das weitverzweigte Werk dieses großen Denkers in anschaulicher, verständlicher und systematischer Weise zugänglich gemacht. Die Auswahl der Texte wurde in Zusammenarbeit mit dem Autor vorgenommen, so daß der Kern seiner Theologie authentisch vor Augen liegt. Mit einer vollständigen Bibliographie seiner Schriften.

352 Seiten, gebunden. ISBN 3-451-20291-3

frauenforum

eine Buchreihe mit theologischen Impulsen

Die neue Buchinitiative „Frauenforum" will Frauen ansprechen, die sich weder im ideologischen Feminismus noch in traditionellen Rollenklischees wiederfinden: Frauen, die sich ermutigt fühlen, ihren Platz in der vielfach von Männern dominierten Gesellschaft, aber auch in der „Männer"-Kirche neu zu bestimmen; Frauen, die ihr Leben bewußt als Frauen gestalten und auch ihren Glauben bewußt als Frauen verstehen wollen.
Diese neue Buchreihe ist ein aktuelles und lebendiges Forum: Es bringt persönliche Erfahrungen zur Sprache und stellt Anregungen zur Diskussion; bietet Information und grundsätzliche Orientierung zu den Fragen, die Frauen heute bewegen; ist existentiellen und politischen, religiösen und literarischen Themen offen. Es möchte Frauen Mut machen – nicht nur in der Kirche –, die spezifisch weiblichen Aspekte mit einzubringen, um damit zu einer ganzheitlichen Menschlichkeit zu gelangen.

Die ersten Bände der Reihe:

Karin Walter (Hg.), Frauen entdecken die Bibel 2. Auflage 1987, 192 Seiten, kartoniert.

Ernst Gutting, Offensive gegen den Patriarchalismus. Für eine menschlichere Welt, ca. 176 Seiten, kartoniert (in Vorbereitung).

Karl Mittlinger, Du bist eine von uns. Neue Mariengedichte. Mit einem Nachwort von Marianne und Walter Dirks, 64 Seiten, gebunden.

Verlag Herder Freiburg · Basel · Wien